IMED CHTAIBI

TOURISME

AHMED CHTAIBI

TOURISME

Guide de voyage

Éditions Muse

Imprint
Any brand names and product names mentioned in this book are subject to trademark, brand or patent protection and are trademarks or registered trademarks of their respective holders. The use of brand names, product names, common names, trade names, product descriptions etc. even without a particular marking in this work is in no way to be construed to mean that such names may be regarded as unrestricted in respect of trademark and brand protection legislation and could thus be used by anyone.

Cover image: www.ingimage.com

Publisher:
Éditions Muse
is a trademark of
Dodo Books Indian Ocean Ltd. and OmniScriptum S.R.L publishing group

120 High Road, East Finchley, London, N2 9ED, United Kingdom
Str. Armeneasca 28/1, office 1, Chisinau MD-2012, Republic of Moldova, Europe
Printed at: see last page
ISBN: 978-620-4-96503-1

Table des matières

Bienvenue dans un voyage à travers les merveilles de notre planète ! Ce livre vous emmènera à la découverte des richesses culturelles, artistiques et touristiques des pays du monde. Des temples majestueux de l'Asie aux villes médiévales d'Europe, en passant par les parcs naturels d'Afrique et les ruines antiques d'Amérique du Sud, chaque page de ce livre vous fera découvrir des endroits incroyables que vous ne soupçonniez peut-être même pas. Vous serez fasciné par la diversité de la beauté qui s'étend sous vos yeux, et vous vous émerveillerez de l'extraordinaire richesse de notre planète. Préparez-vous à un voyage inoubliable à travers les cultures, les arts et les sites touristiques les plus spectaculaires du monde entier !

Cher ami,

Je suis heureux de te décrire la richesse culturelle, artistique et touristique de l'Allemagne, un pays fascinant et dynamique.

L'Allemagne est connue pour son patrimoine culturel impressionnant, avec de nombreux sites classés au patrimoine mondial de l'UNESCO tels que le château de Neuschwanstein, le centre historique de Berlin et la cathédrale de Cologne. Les musées allemands sont également célèbres dans le monde entier, notamment le Musée de Pergame à Berlin, le Musée allemand de Munich et le Musée Goethe à Francfort.

L'Allemagne est un pays d'art, avec une longue histoire de mouvements artistiques tels que l'expressionnisme et le Bauhaus. Les villes allemandes abritent des galeries d'art réputées, telles que la Neue Nationalgalerie de Berlin, la Kunsthalle de Hambourg et le Musée d'Art Moderne de Francfort.

La culture allemande est également riche en musique, avec des compositeurs célèbres tels que Bach, Beethoven et Wagner. Les festivals de musique populaires tels que le festival de musique de Bayreuth, le festival de musique classique de Rheingau et le festival de musique de jazz de Berlin attirent des visiteurs du monde entier.

Le tourisme en Allemagne est également dynamique, avec des villes historiques telles que Berlin, Munich et Cologne, ainsi que des destinations naturelles telles que la Forêt-Noire, les Alpes bavaroises et la côte de la mer Baltique. L'Allemagne est également célèbre pour ses fêtes de la bière, notamment la fête de la bière d'Oktoberfest à Munich.

La cuisine allemande est variée et savoureuse, avec des plats tels que la choucroute, les saucisses allemandes et le célèbre gâteau allemand, le Schwarzwälder Kirschtorte (gâteau à la cerise noire de la Forêt-Noire). Les marchés de Noël allemands, avec leurs décorations de Noël traditionnelles, leurs spécialités culinaires et leurs cadeaux artisanaux, sont également populaires auprès des touristes.

Enfin, l'Allemagne est également célèbre pour son industrie automobile de renommée mondiale, avec des marques telles que BMW, Mercedes-Benz et Porsche.

En résumé, l'Allemagne offre une richesse culturelle et touristique fascinante, avec une variété d'attractions allant de la musique classique et de l'art moderne aux villes historiques, aux paysages naturels et à la cuisine savoureuse. Je te recommande vivement de visiter ce pays fascinant pour découvrir toute sa richesse culturelle et touristique.

Cordialement,

Ton ami d'Allemagne.

Cher ami,

L'Arabie Saoudite est un pays riche en culture, en histoire et en ressources naturelles. L'art islamique est largement représenté dans tout le pays, avec des mosquées magnifiquement décorées, des calligraphies et des motifs géométriques complexes. L'un des sites les plus importants est la Grande Mosquée de La Mecque, le plus grand lieu de culte de l'Islam. Le pays est également célèbre pour sa musique, en particulier le chant et la danse du Najd, une région centrale du pays.

En ce qui concerne le tourisme, l'Arabie Saoudite dispose de nombreux sites historiques et culturels. L'un des sites les plus célèbres est la ville de Médine, où se trouve la mosquée du Prophète et la tombe du Prophète Mohammed. La ville de Jeddah, située sur la mer Rouge, est également une destination populaire pour les touristes, avec ses bâtiments historiques et ses marchés colorés. Le royaume possède également de vastes déserts, de magnifiques plages et des parcs nationaux pour les amateurs de nature.

Enfin, l'Arabie Saoudite est également connue pour sa cuisine savoureuse. Les plats traditionnels comprennent le Kabsa, un plat de riz et de viande, et le Shawarma, une viande grillée servie dans un pain pita. Le pays est également célèbre pour son café arabe, qui est préparé selon des méthodes traditionnelles et servi avec des dattes.

En somme, l'Arabie Saoudite est un pays qui offre une riche expérience culturelle, historique et culinaire. Je te recommande de le visiter et d'explorer tout ce qu'il a à offrir.

Bien à toi,

Ton ami de l'Arabie Saoudite.

Cher ami,

Je suis ravi de t'écrire pour te parler de la richesse culturelle, artistique et touristique de l'Australie, un pays fascinant et unique en son genre.

L'Australie est célèbre pour ses paysages à couper le souffle, avec des sites tels que l'Uluru, la Grande Barrière de corail et la plage de Bondi qui attirent des visiteurs du monde entier.

Le pays est également connu pour sa faune et sa flore incroyables, avec des animaux tels que les kangourous, les koalas et les émeus qui sont emblématiques de l'Australie.

La culture australienne est également marquée par les arts, avec des écrivains tels que Tim Winton et Peter Carey, ainsi que des artistes visuels tels que Sidney Nolan et Emily Kngwarreye.

L'Australie est également célèbre pour sa cuisine, avec des plats tels que le Vegemite, le meat pie et le pavlova qui sont des spécialités nationales.

Les festivals sont également une grande partie de la culture australienne, avec des événements tels que le Festival des arts de Sydney, le Festival de la comédie de Melbourne et le Festival du film de Cannes.

Le pays est également riche en histoire, avec des sites tels que la prison de Port Arthur, l'Opéra de Sydney et le pont du port de Sydney.

L'Australie est également connue pour ses sports, avec des événements tels que le tournoi de tennis de l'Open d'Australie, le Grand Prix d'Australie de Formule 1 et le tournoi de cricket de l'Ashes.

Enfin, la culture australienne est marquée par la convivialité, la décontraction et l'esprit de communauté qui règnent dans le pays.

Je t'encourage vivement à découvrir la richesse culturelle, artistique et touristique de l'Australie en visitant ce merveilleux pays.

Cordialement,

Ton ami d'Australie

Cher ami,

Je suis ravi de t'écrire pour te parler de l'Autriche, un pays magnifique et riche en culture, en histoire et en beauté naturelle. L'Autriche est située en Europe centrale et est célèbre pour sa musique classique, son architecture baroque, ses montagnes majestueuses et ses lacs cristallins.

La musique est un élément central de la culture autrichienne, avec des compositeurs comme Mozart, Beethoven et Strauss qui ont laissé leur marque indélébile sur le pays. Vienne, la capitale, est également connue pour son opéra, ses salles de concert et ses festivals de musique classique. L'architecture baroque est également une caractéristique notable de l'Autriche, avec des églises, des palais et des châteaux ornés de dorures et de sculptures.

Les paysages naturels de l'Autriche sont également à couper le souffle, avec des montagnes majestueuses comme les Alpes autrichiennes et le Grossglockner, le plus haut sommet d'Autriche. Les lacs comme le lac de Constance, le lac de Wolfgang et le lac de Zell sont des destinations touristiques populaires pour leur beauté naturelle et les activités de loisirs qu'ils offrent.

En plus de cela, l'Autriche est également connue pour sa cuisine délicieuse, avec des spécialités comme le schnitzel, les spätzle, la tarte aux pommes et le strudel aux pommes. Les vins autrichiens sont également très appréciés dans le monde entier.

Enfin, l'Autriche est un pays où le tourisme est très développé, avec des villes charmantes comme Salzbourg, Innsbruck et Graz, des stations de ski réputées, des sentiers de randonnée pittoresques et des spas relaxants.

En somme, l'Autriche est un pays avec une riche culture, une histoire passionnante et des paysages naturels époustouflants qui offrent une multitude d'activités touristiques pour tous les goûts.

Bien amicalement,

Ton ami d'Autriche.

Cher ami,

Je suis heureux de partager avec toi la richesse culturelle, artistique et touristique de l'Afrique du Sud. L'Afrique du Sud est un pays incroyablement diversifié et coloré, avec des influences culturelles de toutes sortes. La musique traditionnelle sud-africaine, comme le Zoulou et l'Afrikaans, est renommée dans le monde entier. La danse et les costumes traditionnels sont également magnifiques, avec une variété de danses tribales qui sont un véritable spectacle à voir.

L'art sud-africain est également célèbre, notamment grâce à des artistes tels que William Kentridge et Marlene Dumas. L'art africain traditionnel, tel que les masques et les sculptures, est également présent dans les musées du pays.

L'Afrique du Sud a une grande variété de destinations touristiques, notamment les célèbres villes de Johannesburg et Le Cap. Johannesburg est une ville animée et cosmopolite, où vous pouvez découvrir l'histoire de l'apartheid en visitant des sites tels que le musée de l'Apartheid. Le Cap est une ville magnifique avec une nature spectaculaire, y compris la célèbre Table Mountain et la région viticole de Stellenbosch.

Le pays regorge également de parcs nationaux et de réserves naturelles, où vous pouvez voir des animaux sauvages tels que les lions, les éléphants et les rhinocéros. Le parc national Kruger est l'un des plus célèbres, mais il y a beaucoup d'autres destinations incroyables pour les amoureux de la nature.

Enfin, l'Afrique du Sud est également célèbre pour sa cuisine, qui est influencée par les cultures africaines, européennes et asiatiques. Le braai, ou barbecue, est une tradition sud-africaine populaire, tout comme les plats de fruits de mer frais dans les villes côtières.

En somme, l'Afrique du Sud est un pays riche en culture, en histoire et en beauté naturelle. J'espère que tu auras l'occasion de le visiter un jour et de découvrir tout ce qu'il a à offrir.

Bien amicalement

Ton ami de l'Afrique de Sud.

Cher ami,

L'Albanie est un petit pays situé dans les Balkans, mais ne vous laissez pas tromper par sa taille, car il est riche en culture, art et tourisme. La culture albanaise est très influencée par son histoire mouvementée, avec des influences illyriennes, grecques, romaines, byzantines, ottomanes et italiennes. Le patrimoine architectural en Albanie est fascinant, notamment les sites archéologiques d'Apollonia, Butrint et Byllis, les châteaux de Berat et Gjirokastra, les mosquées ottomanes de Shkodra et de Korça, ainsi que les églises orthodoxes et catholiques romaines.

Le pays est également connu pour ses festivals culturels, tels que le Festival national des arts populaires de Gjirokastra, le Festival de jazz de Berat et le Festival international de musique classique d'été de Tirana. En plus de cela, l'Albanie a une scène artistique florissante, avec des galeries d'art et des musées, tels que le Musée national d'histoire à Tirana et le Musée national des arts à Shkodra.

L'Albanie est également un pays magnifique pour les touristes, avec une côte pittoresque de plus de 360 km de long. Les plages de la Riviera albanaise sont souvent comparées à celles de la Côte d'Azur, mais à une fraction du prix. Les montagnes du nord de l'Albanie offrent également de superbes randonnées avec des vues panoramiques, notamment dans les parcs nationaux de Theth et de Valbona. Enfin, il est difficile de ne pas mentionner la cuisine albanaise, qui est influencée par les traditions culinaires balkaniques et méditerranéennes, avec des spécialités telles que le baklava, le byrek et le raki.

En somme, l'Albanie est un pays riche en culture, art et tourisme, qui mérite une visite pour découvrir tous ses trésors.

Bien à toi,

Ton ami d'Albanie.

Cher ami,

Je suis ravi de te faire découvrir la richesse culturelle, artistique et touristique d'Andorre, petit pays situé entre la France et l'Espagne dans les Pyrénées.

Andorre est un véritable havre de paix et de beauté naturelle. La principale attraction touristique est la montagne, qui offre de nombreuses activités de plein air, comme la randonnée, le ski ou encore le VTT.

Le pays est également doté d'un riche patrimoine culturel, notamment avec l'architecture romane de ses églises et chapelles. La vieille ville, située dans la capitale, Andorre-la-Vieille, regorge de charmantes rues pavées et de maisons en pierre.

Les amateurs d'art seront comblés avec le Musée national de l'automobile, qui abrite une collection impressionnante de voitures anciennes, et le Centre d'art contemporain, qui expose des œuvres d'artistes renommés.

Enfin, Andorre est également connue pour ses boutiques hors taxes, qui attirent des milliers de touristes chaque année.

En résumé, Andorre est un petit pays qui a beaucoup à offrir, avec sa nature magnifique, son patrimoine culturel riche et son shopping hors taxes. Je te recommande vivement de visiter ce joyau caché des Pyrénées.

Bien à toi,

Ton ami de Andorre.

Cher ami,

L'Argentine est un pays d'Amérique du Sud connu pour sa diversité culturelle, artistique et touristique. La ville de Buenos Aires, sa capitale, est souvent surnommée "Paris de l'Amérique latine" en raison de son architecture européenne et de son amour pour les arts et la culture. Voici quelques-unes des richesses de l'Argentine :

Le Tango : ce style de danse et de musique est né dans les rues de Buenos Aires et est devenu emblématique de la culture argentine.

La musique : l'Argentine est connue pour sa variété de styles musicaux, y compris le folklore, la musique classique, le rock et la pop.

Le théâtre : Buenos Aires abrite de nombreuses salles de théâtre, dont le célèbre Teatro Colón, qui est considéré comme l'un des meilleurs opéras du monde.

La littérature : de nombreux écrivains argentins ont gagné en renommée internationale, notamment Jorge Luis Borges, Julio Cortázar et Ernesto Sabato.

Le sport : le football est le sport national de l'Argentine, et l'équipe nationale a remporté deux coupes du monde.

Les paysages naturels : l'Argentine est dotée de paysages variés et impressionnants, allant des sommets des Andes aux chutes d'Iguazu, en passant par les vastes étendues de la Pampa.

La gastronomie : la cuisine argentine est connue pour ses steaks, ses empanadas et ses vins, notamment le Malbec.

Les festivals : de nombreux festivals culturels et artistiques sont organisés tout au long de l'année, comme le festival de Tango de Buenos Aires et le festival national de folklore de Cosquín.

Les musées : Buenos Aires possède de nombreux musées intéressants, dont le Musée national des Beaux-Arts et le Musée d'Art latino-américain de Buenos Aires.

La vie nocturne : Buenos Aires est connue pour sa vie nocturne animée, avec de nombreux bars, clubs et restaurants ouverts jusqu'à l'aube.

Voilà donc un aperçu de la richesse culturelle, artistique et touristique de l'Argentine. J'espère que cela te donnera envie de découvrir ce pays fascinant !

Amicalement,

Ton ami l'Argentine.

Cher ami,

Je suis ravi de t'écrire aujourd'hui pour te parler de Bahreïn, un petit pays insulaire du golfe Persique qui est souvent négligé mais qui regorge de richesses culturelles, artistiques et touristiques.

Tout d'abord, en ce qui concerne la culture, Bahreïn est fier de son patrimoine archéologique, qui remonte à plus de 4 000 ans. Le pays est connu pour ses anciennes cités, ses tombes et ses temples, ainsi que pour ses vestiges de l'époque dilmunite et de la civilisation tylosienne. Le musée national de Bahreïn est un lieu incontournable pour découvrir l'histoire de ce petit pays, ainsi que sa culture et ses traditions.

En termes d'art, Bahreïn est un véritable joyau, avec une scène artistique dynamique qui inclut des expositions, des festivals et des performances. La ville de Manama est connue pour son art contemporain, notamment grâce au Musée d'art moderne de Bahreïn et à la Maison de la photographie. Les festivals d'art tels que l'ArtBAB et le Festival international de la musique de Bahreïn sont des événements annuels qui attirent des artistes et des spectateurs du monde entier.

Enfin, Bahreïn est une destination touristique populaire, avec de nombreuses plages magnifiques et des activités nautiques telles que la plongée sous-marine et la voile. Les visiteurs peuvent également explorer le désert, visiter des souks traditionnels pour faire des achats, ou se détendre dans des spas luxueux.

En somme, Bahreïn est un pays qui vaut vraiment le détour. Sa culture riche, sa scène artistique dynamique et ses nombreuses attractions touristiques en font une destination fascinante pour les voyageurs.

À bientôt,

Ton ami de Bahreïn.

Cher ami,

Je suis ravi de te parler de la richesse culturelle, artistique et touristique de la Belgique. Ce pays est situé au cœur de l'Europe et est connu pour sa culture unique, sa riche histoire et sa cuisine délicieuse. Voici quelques-unes de ses principales attractions :

Bruxelles, la capitale, est célèbre pour sa beauté architecturale et sa Grande Place, classée au patrimoine mondial de l'UNESCO.

Bruges, une ville médiévale qui est un joyau architectural avec des canaux pittoresques, des rues pavées et des bâtiments gothiques.

Anvers, une ville dynamique avec un centre-ville historique, une cathédrale impressionnante et un port de commerce animé.

Gand, une ville étudiante avec une architecture impressionnante, des châteaux médiévaux et une riche histoire culturelle.

La Belgique est également connue pour son art de la bande dessinée, qui a produit des personnages célèbres tels que Tintin et les Schtroumpfs.

La cuisine belge est célèbre pour ses gaufres, ses frites, ses moules et ses bières artisanales.

La Belgique abrite également plusieurs musées importants, tels que le Musée royal des Beaux-Arts d'Anvers et le Musée Horta à Bruxelles..

La Belgique est un pays bilingue, avec le français et le néerlandais comme langues officielles.

Les Ardennes belges sont une région montagneuse pittoresque qui offre de nombreuses activités de plein air, comme la randonnée, le VTT et le ski.

Le carnaval de Binche est une célébration traditionnelle unique en Belgique, avec des masques, des danses et des lancers d'oranges.

Les villes de Mons et de Tournai ont été désignées comme Capitales européennes de la culture en 2015, mettant en valeur leur riche patrimoine culturel.

Les brasseries et les chocolateries sont très populaires en Belgique, avec des marques renommées comme Stella Artois, Leffe et Godiva.

Le Palais royal de Bruxelles est une attraction touristique populaire, avec des expositions et des visites guidées.

La Belgique est également un pays connu pour son engagement dans la protection de l'environnement, avec des initiatives de développement durable et des politiques pour encourager le vélo comme moyen de transport.

Ton ami de Belgique.

Cher ami,

Je suis ravi de partager avec toi la richesse culturelle, artistique et touristique de la Birmanie, un pays magnifique et fascinant situé en Asie du Sud-Est.

La Birmanie, également connue sous le nom de Myanmar, a une riche histoire et une culture diversifiée, reflétant l'influence des cultures indiennes, chinoises et thaïlandaises. Les temples de Bagan, un site du patrimoine mondial de l'UNESCO, sont l'un des points forts culturels du pays, avec plus de 2 000 temples bouddhistes historiques construits entre les IXe et XIIIe siècles.

Le bouddhisme est très important en Birmanie, et les moines bouddhistes, vêtus de leurs robes orange, sont une vue commune dans les villes et villages. Les marchés locaux et les festivals traditionnels, tels que le festival de l'eau de Thingyan, sont également des expériences culturelles fascinantes pour les visiteurs.

Le lac Inle est une attraction touristique populaire en Birmanie, connue pour ses villages flottants et ses jardins flottants. Les visiteurs peuvent faire des visites en bateau pour découvrir la vie quotidienne des habitants et apprécier la beauté du paysage.

La cuisine birmane est également riche et délicieuse, avec des influences indiennes, chinoises et thaïlandaises. Les plats populaires incluent le Mohinga, une soupe de poisson épicée, et le Laphet Thoke, une salade de feuilles de thé fermentées.

En ce qui concerne l'art, la Birmanie est célèbre pour ses sculptures de bouddha et ses tissus traditionnels en soie, en coton et en chanvre. Les visiteurs peuvent visiter des ateliers de tissage et des boutiques pour acheter des souvenirs uniques.

Enfin, la Birmanie est un pays en développement avec une économie émergente, et il y a beaucoup de projets de développement en cours, notamment la modernisation des infrastructures touristiques et des moyens de transport. Cela offre une opportunité unique pour les visiteurs de découvrir la Birmanie dans sa forme actuelle avant qu'elle ne change trop.

J'espère que cette lettre t'a donné un aperçu de la Birmanie et de ses nombreuses merveilles. Si tu as l'occasion de visiter, je suis sûr que tu seras fasciné par la beauté et la richesse de ce pays.

Amicalement,

Ton ami de Birmanie.

Cher ami(e),

Je suis heureux(se) de te parler de la Bulgarie, un pays avec une richesse culturelle, artistique et touristique fascinante. Situé en Europe de l'Est, ce pays offre une expérience unique pour tous les types de voyageurs.

La Bulgarie possède de nombreux sites historiques tels que le monastère de Rila, classé au patrimoine mondial de l'UNESCO, qui est un joyau architectural. Il y a également la ville ancienne de Nessebar, située sur la côte de la mer Noire, qui offre une vue imprenable sur la mer et abrite de nombreux sites archéologiques.

Le pays est également connu pour ses plages de sable fin sur la mer Noire, idéales pour les baignades et les sports nautiques. Les montagnes du pays sont un autre point fort, avec les stations de ski de Bansko et de Borovets qui attirent les skieurs du monde entier.

La culture bulgare est riche et diversifiée, avec des influences grecques, romaines et ottomanes. Les festivals de musique, de danse et de cuisine, tels que le Festival international de folklore de Koprivshtitsa, attirent des visiteurs du monde entier pour découvrir la culture locale.

Les artistes bulgares sont connus pour leur travail en poterie, en textile et en sculpture sur bois. Les tapisseries traditionnelles de Kotel sont particulièrement populaires. Les produits alimentaires locaux tels que le yaourt bulgare et le fromage feta sont également réputés pour leur qualité.

Enfin, les villes bulgares sont dotées d'une vie nocturne animée et d'une cuisine délicieuse. Sofia, la capitale, offre une architecture magnifique, de nombreux musées, des parcs et des restaurants, ainsi que des clubs de nuit populaires.

En somme, la Bulgarie est un pays qui a beaucoup à offrir aux touristes en termes de culture, de gastronomie, de loisirs et d'activités sportives. J'espère que tu auras l'occasion de visiter ce pays fascinant un jour.

Cordialement,

Ton ami de Bulgarie.

Cher ami,

Je suis ravi de t'écrire pour te parler de la richesse culturelle, artistique et touristique du pays du Cambodge. Le Cambodge est un pays d'Asie du Sud-Est situé entre la Thaïlande, le Laos et le Vietnam, et il est connu pour son riche patrimoine culturel et historique.

Le Cambodge est célèbre pour ses temples d'Angkor Wat, qui est l'un des sites touristiques les plus visités dans le monde. Les temples ont été construits au 12ème siècle et sont un exemple étonnant d'architecture khmère. Les visiteurs peuvent passer des jours à explorer les nombreux temples d'Angkor Wat et découvrir l'histoire fascinante de la région.

Outre les temples d'Angkor Wat, le Cambodge possède également une riche culture qui peut être vue dans la danse traditionnelle et les costumes colorés. Les danses traditionnelles du Cambodge sont souvent associées à la cour royale et présentent des mouvements gracieux et des costumes élaborés.

Le pays possède également une cuisine délicieuse, qui est influencée par la cuisine vietnamienne, chinoise et thaïlandaise. Les plats cambodgiens sont souvent épicés et aromatisés avec des herbes et des épices locales.

Le Cambodge est également célèbre pour ses textiles et ses bijoux artisanaux. Les visiteurs peuvent acheter des souvenirs fabriqués à la main sur les marchés locaux, où les artisans vendent des écharpes en soie, des sacs en coton, des bijoux en argent et d'autres articles.

Enfin, les plages du Cambodge sont également un must-see. La plage de Sihanoukville est l'une des plus populaires et propose des sports nautiques tels que le kayak et le jet ski. Il y a également des îles voisines à explorer, telles que l'île de Koh Rong et l'île de Koh Rong Samloem.

En résumé, le Cambodge est un pays magnifique et fascinant avec une riche histoire culturelle, une cuisine délicieuse, une danse traditionnelle, de l'artisanat, des temples historiques et de superbes plages. Si jamais tu as l'occasion de visiter ce pays, n'hésite pas à le faire, tu ne seras pas déçu !

Cordialement,

Cher ami,

Je suis ravi de te parler aujourd'hui de la richesse culturelle, artistique et touristique du Bénin. Situé en Afrique de l'Ouest, le Bénin est un pays avec une longue histoire et une culture fascinante.

Le Bénin est connu pour son art et son artisanat, en particulier pour ses sculptures en bois et en bronze. Les artistes béninois ont créé des œuvres d'art incroyablement détaillées et expressives, comme les masques utilisés dans les cérémonies religieuses et les sculptures royales.

La culture du Bénin est également influencée par sa riche histoire, notamment par le royaume du Dahomey, qui a régné sur la région pendant plusieurs siècles. Les traditions et les coutumes de cette époque sont encore préservées dans les villages et les communautés locales.

Le tourisme est également un atout pour le Bénin. La ville de Ouidah est célèbre pour ses plages de sable fin et son fort portugais du 18ème siècle. La ville de Cotonou est la plus grande ville du pays et un centre culturel avec des musées, des galeries d'art et des marchés animés. Le parc national de la Pendjari offre aux visiteurs une expérience unique de la faune africaine, avec des éléphants, des lions, des buffles et des antilopes.

Enfin, la cuisine béninoise est délicieuse et diversifiée, avec des plats comme le riz rouge et le poulet, le piment de chèvre et le gombo. Les épices locales et les ingrédients frais créent une cuisine unique et savoureuse.

En somme, le Bénin est un pays riche en histoire, en culture et en attraits touristiques, qui mérite vraiment d'être exploré. J'espère que cette lettre te donnera envie de découvrir cette belle région d'Afrique.

Bien amicalement,

Ton ami de Bénin.

Cher ami,

Je suis ravi de t'écrire pour te parler du Brésil, un pays qui possède une richesse culturelle, artistique et touristique incroyable. Le Brésil est un pays immense, couvrant presque la moitié de l'Amérique du Sud, et est connu pour sa culture vibrante, sa musique envoûtante, son art coloré et sa nature luxuriante.

Le Brésil est peut-être le pays le plus célèbre pour son carnaval de Rio de Janeiro, qui attire des millions de visiteurs chaque année. C'est un spectacle incroyable de costumes somptueux, de danses énergiques et de musique entraînante. En dehors du carnaval, le Brésil a une scène artistique riche et diversifiée avec des festivals de musique, des musées d'art contemporain, des théâtres et des cinémas.

La nature est un autre aspect incroyable du Brésil, avec des forêts tropicales luxuriantes, des cascades majestueuses et des plages de sable blanc à perte de vue. La région de l'Amazonie est l'une des plus biodiversifiées du monde, abritant une variété d'espèces animales et végétales uniques.

En ce qui concerne la culture, le Brésil est un melting-pot de diverses cultures, notamment l'influence africaine, portugaise et indigène. Les villes de Salvador et Olinda sont des centres culturels importants avec leurs carnavals de rue, leur musique et leur cuisine. Les musées d'histoire et d'art présentent l'histoire du Brésil depuis les peuples autochtones jusqu'à la période coloniale portugaise.

Le Brésil est également connu pour sa gastronomie unique, avec des plats traditionnels comme la feijoada, un ragoût de haricots noirs, de viande de porc et de riz, ainsi que le churrasco, un barbecue brésilien.

Enfin, le Brésil est doté de villes passionnantes comme Rio de Janeiro, São Paulo, Salvador et Brasília, chacune avec sa propre personnalité et ses attractions touristiques.

En résumé, le Brésil est un pays fascinant qui regorge de richesses culturelles, artistiques et touristiques à découvrir. Je suis sûr que tu adorerais visiter un jour pour explorer tout ce que ce pays merveilleux a à offrir.

Amicalement.

Ton ami du Brésil.

Cher ami,

Je suis heureux de t'écrire au sujet de la Bolivie, un pays magnifique et coloré d'Amérique du Sud. La Bolivie est connue pour sa riche diversité culturelle, artistique et touristique.

La culture bolivienne est marquée par l'influence des peuples autochtones, notamment les Quechuas et les Aymaras, qui ont leurs propres traditions et langues. La culture bolivienne se manifeste dans les vêtements colorés des femmes, les danses traditionnelles, les festivals animés et la musique andine. La ville de La Paz est un excellent exemple de l'héritage culturel de la Bolivie, avec des marchés locaux et des musées qui présentent l'art et l'artisanat traditionnels.

La Bolivie est également connue pour son art indigène, qui se reflète dans les textiles, les peintures, les sculptures et les céramiques. Les artistes boliviens sont célèbres pour leur utilisation de couleurs vives et de motifs complexes, qui représentent souvent des aspects de la nature et de la spiritualité.

La Bolivie est également une destination touristique populaire pour ses paysages naturels spectaculaires. Le pays est connu pour ses montagnes majestueuses, y compris les Andes et la cordillère Royale, ainsi que pour ses lacs colorés, notamment le lac Titicaca. Le parc national Sajama abrite également des geysers, des sources chaudes et des paysages volcaniques à couper le souffle.

La Bolivie est également riche en patrimoine historique et archéologique. Les sites archéologiques tels que Tiwanaku et Puma Punku témoignent de la culture précolombienne de la région, tandis que les villes coloniales telles que Sucre et Potosi présentent une architecture magnifique.

Enfin, la cuisine bolivienne est une fusion de plats traditionnels indigènes et espagnols, offrant une variété de saveurs et de plats uniques. Les plats tels que le salteña, le chairo, le pique macho et le ceviche bolivien sont des plats typiques et incontournables à essayer lors de votre visite en Bolivie.

En somme, la Bolivie est un pays avec une richesse culturelle, artistique et touristique incroyable. J'espère que tu auras l'occasion de visiter ce pays magnifique un jour.

Bien à toi,

Ton ami de Bolivie.

Cher ami,

Je suis ravi de te parler de mon pays d'origine, le Cameroun, et de sa richesse culturelle, artistique et touristique. Situé en Afrique centrale, le Cameroun est un pays aux multiples facettes, avec une grande variété de paysages, de cultures et de traditions.

Tout d'abord, la richesse culturelle du Cameroun est immense, avec plus de 200 groupes ethniques différents, chacun ayant sa propre langue, ses coutumes et sa musique. Parmi les festivals les plus célèbres du pays, on peut citer le Ngondo, qui se déroule sur les rives du fleuve Wouri, et la fête du Ngouon, qui est un événement majeur dans la région de l'Ouest. La cuisine camerounaise est également très variée, avec des plats tels que le ndolé, le poulet DG, le taro et le fufu.

En ce qui concerne l'art, le Cameroun est connu pour sa production de masques, de statues et d'objets d'art en bois, en métal et en céramique. Les masques bamoun, par exemple, sont célèbres pour leur beauté et leur complexité. Le pays compte également de nombreux artistes contemporains, dont certains sont connus à l'échelle internationale.

Enfin, en ce qui concerne le tourisme, le Cameroun est une destination incroyablement riche et diversifiée. Il y a de nombreuses réserves naturelles, dont le parc national de Waza et le parc national de Korup, qui abritent une grande variété d'espèces animales et végétales. Le mont Cameroun, le point culminant du pays, est une destination populaire pour les randonneurs et les alpinistes. Les villes de Douala et Yaoundé offrent également de nombreuses attractions touristiques, telles que des musées, des marchés et des festivals.

En somme, le Cameroun est un pays incroyablement riche en culture, en art et en tourisme. J'espère que tu auras l'occasion de venir le découvrir un jour !

Bien amicalement,

Ton ami du Cameroun.

Cher ami,

Je suis ravi de t'écrire pour te parler de la richesse culturelle, artistique et touristique du Canada, un pays qui a tant à offrir.

Le Canada est un pays où la nature est très présente, avec des parcs nationaux tels que Banff et Jasper, qui sont célèbres pour leurs montagnes majestueuses, leurs lacs cristallins et leur faune sauvage.

Le pays est également connu pour son architecture traditionnelle, avec des bâtiments historiques tels que le Château Frontenac à Québec et le Parlement à Ottawa.

La culture canadienne est également marquée par les arts, avec des écrivains tels que Margaret Atwood, Alice Munro et Michael Ondaatje, ainsi que des artistes visuels tels que Emily Carr et Tom Thomson.

Le Canada est également célèbre pour sa cuisine, avec des plats tels que la poutine, le saumon fumé et le sirop d'érable, qui sont des spécialités nationales.

Les festivals sont également une grande partie de la culture canadienne, avec des événements tels que le Festival international de Jazz de Montréal, le Festival de la chanson de Tadoussac et le Festival de la tulipe d'Ottawa.

Le pays est également riche en histoire, avec des sites tels que la Citadelle de Québec, le Fort Henry et le Canal Rideau.

Le Canada est également connu pour ses sports d'hiver, avec des stations de ski célèbres telles que Whistler et Banff.

Enfin, la culture canadienne est marquée par la diversité, l'inclusion et le multiculturalisme, avec des communautés de toutes les origines et de toutes les religions.

Je t'encourage vivement à découvrir la richesse culturelle, artistique et touristique du Canada en visitant ce merveilleux pays.

Cordialement,

Ton ami du Canada.

Cher ami,

Je suis ravi de te parler du Chili, un pays riche en culture, art et tourisme. Situé en Amérique du Sud, le Chili est un pays diversifié avec une variété de paysages allant du désert d'Atacama le plus sec au monde aux glaciers de Patagonie.

La culture chilienne est fortement influencée par les peuples indigènes, en particulier les Mapuches, qui ont préservé leur patrimoine culturel et leurs traditions. La musique et la danse folklorique chilienne sont également très populaires. Les danses les plus connues sont la cueca, la cueca chilote et le bailete, qui sont souvent présentées lors de festivals et de carnavals.

Le Chili est également connu pour son art contemporain, notamment dans la ville de Valparaiso, où les rues sont remplies de graffitis colorés et d'œuvres d'art. La ville abrite également plusieurs musées d'art, dont le célèbre Musée d'Art Contemporain de Valparaiso.

En ce qui concerne le tourisme, le Chili est connu pour ses paysages naturels impressionnants. Le désert d'Atacama, situé dans le nord du pays, est un lieu incontournable pour les amateurs de randonnée et d'observation des étoiles. Les vignobles de la vallée de Casablanca sont également populaires pour les amateurs de vin, tandis que la région de Patagonie attire les randonneurs et les amoureux de la nature avec ses glaciers, ses lacs et ses montagnes.

Enfin, la cuisine chilienne est également une attraction touristique en soi. Les fruits de mer frais, la viande grillée et les empanadas sont quelques-uns des plats les plus populaires. Les vins chiliens, en particulier les vins rouges, sont également très appréciés dans le monde entier.

En somme, le Chili est un pays incroyablement riche en culture, art et tourisme. J'espère que tu auras la chance de le visiter un jour et d'explorer tout ce qu'il a à offrir.

Bien amicalement,

Ton ami de Chili

Mon cher ami,

Il me fait plaisir de te décrire la richesse culturelle, artistique et touristique de la Chine, un pays avec une histoire millénaire, une culture riche et une beauté naturelle impressionnante.

La Grande Muraille, l'une des merveilles du monde, est l'une des attractions touristiques les plus populaires de la Chine. Les visiteurs peuvent également admirer les impressionnants soldats en terre cuite de l'empereur Qin, la Cité interdite, le Palais d'été et les jardins classiques de Suzhou.

La Chine est également connue pour sa riche tradition artistique, tels que les peintures chinoises traditionnelles, la calligraphie, la céramique et la sculpture. Les danses traditionnelles chinoises comme le dragon et le lion dansant, le ballet chinois, le théâtre de l'opéra et les arts martiaux comme le kung-fu sont également très populaires.

La cuisine chinoise est connue pour ses plats savoureux et variés tels que le canard laqué, les nouilles chinoises, les dim sum, les rouleaux de printemps et le riz frit. Les thés chinois, notamment le thé vert et le thé oolong, sont également renommés pour leurs bienfaits sur la santé.

Les paysages naturels de la Chine sont tout aussi impressionnants, avec des endroits tels que la rivière Li, les montagnes Huangshan, le lac de l'Ouest à Hangzhou, le parc national de Zhangjiajie et les gorges du Saut du Tigre.

La culture chinoise est également riche en fêtes et festivals tels que le Nouvel An chinois, la fête de la mi-automne, la fête du dragon, la fête des bateaux-dragons et la fête des lanternes.

La Chine est également connue pour sa médecine traditionnelle chinoise, qui utilise des herbes et des méthodes de guérison telles que l'acupuncture, le massage et la moxibustion.

Enfin, les villes modernes de la Chine, comme Shanghai, Beijing et Hong Kong, sont des centres économiques dynamiques et des centres de l'innovation technologique.

En somme, la richesse culturelle, artistique et touristique de la Chine est très variée et fascinante. Je t'encourage vivement à visiter ce pays extraordinaire et découvrir toute sa beauté par toi-même.

Cordialement,

Ton ami de Chine

Cher ami,

Je voulais t'écrire pour te parler de la richesse culturelle, artistique et touristique de la Colombie. Ce pays est un véritable joyau en Amérique latine, avec une grande diversité de paysages, de cultures et de traditions. Voici quelques-unes des choses que tu pourrais apprécier si tu venais en Colombie :

Les villes coloniales : La Colombie compte plusieurs villes coloniales qui ont conservé leur architecture et leur charme d'antan, comme Cartagena, Santa Marta et Popayán.

La nature : La Colombie est l'un des pays les plus biodiversifiés au monde, avec des paysages spectaculaires comme les Andes, la forêt amazonienne, les plages de la mer des Caraïbes et du Pacifique, ainsi que des parcs nationaux.

La danse : La Colombie est connue pour sa musique et sa danse, en particulier pour la salsa et la cumbia.

La nourriture : La cuisine colombienne est très variée, avec des plats traditionnels tels que le bandeja paisa, l'ajiaco et les empanadas.

Les festivals : La Colombie a une riche tradition de festivals, notamment le Carnaval de Barranquilla, le deuxième plus grand carnaval du monde.

L'art : La Colombie compte de nombreux artistes célèbres, tels que Fernando Botero et Gabriel García Márquez.

Les cafés : La Colombie est l'un des plus grands producteurs de café au monde, et il est possible de visiter des plantations de café dans les régions de Salento et de Manizales.

Les sports : Le football est très populaire en Colombie, et il y a de nombreux stades dans tout le pays où l'on peut assister à des matchs.

Les musées : La Colombie a de nombreux musées qui présentent l'histoire et la culture du pays, comme le Musée de l'or à Bogotá et le Musée Botero à Medellín.

La vie nocturne : Les grandes villes colombiennes ont une vie nocturne animée, avec de nombreux bars et clubs où l'on peut danser toute la nuit.

La Colombie est un pays incroyablement riche sur le plan culturel, artistique et touristique, et je pense que tu adorerais découvrir tout ce qu'il a à offrir.

A bientôt,

Ton ami de Colombie.

Cher ami,

Je suis heureux de t'écrire pour te parler de la richesse culturelle, artistique et touristique des Comores, un petit pays insulaire situé dans l'océan Indien. Malgré sa taille modeste, les Comores ont beaucoup à offrir aux visiteurs curieux.

Tout d'abord, les Comores sont connues pour leur musique traditionnelle, qui est une fusion de styles africains, arabes et malgaches. Le ngoma, une sorte de tambour, est un instrument populaire dans la musique comorienne. Les danses traditionnelles, comme le m'sindzano et le twarab, sont également très populaires.

En termes de patrimoine, les Comores ont plusieurs sites historiques et culturels à découvrir, notamment l'ancienne ville de Mutsamudu, qui abrite des bâtiments en pierre datant du 16ème siècle, et le village de Ntsoudjini, qui est réputé pour son architecture traditionnelle.

Les plages de sable blanc et les lagons turquoise sont également une grande attraction touristique aux Comores, notamment sur l'île de Grande Comore, où se trouvent les plages de Chomoni, de Bouni et de Ngouja.

Les Comores sont également connues pour leur cuisine, qui est un mélange de saveurs africaines, arabes et françaises. Le pilao, un plat de riz aux épices, est un incontournable de la cuisine comorienne. Les fruits de mer sont également très populaires, notamment le poisson, les crevettes et les crabes.

Enfin, les Comores offrent également des possibilités de randonnée, notamment sur les volcans de l'île de la Grande Comore, le mont Karthala et le mont Ntringui.

En somme, les Comores sont un petit pays mais très riche en culture et en patrimoine, avec des plages magnifiques, une cuisine savoureuse et une hospitalité chaleureuse. Je te recommande vivement de visiter ce pays fascinant si tu as l'occasion.

À bientôt,

Ton ami des Comores.

Cher ami,

Je suis ravi de te parler de la Corée du Sud, un pays qui regorge de richesses culturelles, artistiques et touristiques. La Corée du Sud est un mélange de tradition et de modernité, offrant une expérience unique aux visiteurs.

Sur le plan culturel, la Corée du Sud possède une histoire riche et diversifiée. Les visiteurs peuvent découvrir la culture traditionnelle coréenne en visitant des temples bouddhistes anciens, des villages folkloriques préservés, des musées d'art et d'histoire ainsi que des spectacles de danse et de musique traditionnelle.

Le pays est également connu pour sa culture populaire, en particulier sa musique (K-pop) et ses séries télévisées (K-drama), qui ont acquis une renommée internationale au cours des dernières années.

Du point de vue artistique, la Corée du Sud possède une scène artistique florissante avec des galeries d'art modernes et des musées d'art contemporain, tels que le Musée d'art contemporain de Séoul et le Musée d'art Leeum Samsung.

En ce qui concerne le tourisme, la Corée du Sud est une destination populaire pour les amoureux de la nature, avec des parcs nationaux, des montagnes, des plages, et des îles magnifiques tels que Jeju, et Nami.

La Corée du Sud est également réputée pour sa cuisine, qui comprend une variété de plats savoureux, tels que le kimchi, le bibimbap et le bulgogi, ainsi que des boissons traditionnelles, telles que le thé vert coréen.

Enfin, la Corée du Sud est également connue pour ses festivals, notamment le festival des lanternes de lotus de Boryeong, le festival international du film de Busan et le festival de la rose de Séoul.

En somme, la Corée du Sud offre une riche expérience culturelle, artistique et touristique à ses visiteurs, combinant une histoire riche et diversifiée avec une modernité dynamique et une nature époustouflante. Je te recommande vivement de visiter ce pays fascinant.

Amicalement,

Ton ami du Coré du Sud.

Cher ami,

Je suis ravi de te parler de la Croatie, un pays doté d'une riche culture, d'un art dynamique et de sites touristiques uniques. La Croatie se trouve au carrefour de l'Europe centrale et de la Méditerranée, ce qui en fait un lieu de rencontre des cultures.

Au niveau culturel, la Croatie est connue pour son architecture médiévale, ses villes fortifiées et ses nombreux musées et galeries d'art. La ville de Dubrovnik est un exemple de ville fortifiée remarquable, avec ses remparts de pierre et ses rues pavées pittoresques. La ville de Split abrite le palais de Dioclétien, un site classé au patrimoine mondial de l'UNESCO.

Le patrimoine artistique de la Croatie est tout aussi impressionnant. Les œuvres d'art traditionnelles croates, telles que les dentelles de Pag, les costumes nationaux colorés et les bijoux artisanaux, sont appréciées dans le monde entier. De nombreux musées et galeries d'art exposent des œuvres d'art modernes et contemporaines.

En ce qui concerne les sites touristiques, la Croatie est célèbre pour ses parcs nationaux et ses plages immaculées. Le parc national de Plitvice est l'une des principales attractions touristiques de Croatie, avec ses cascades pittoresques et ses lacs cristallins. La Croatie est également connue pour ses nombreuses îles, telles que Hvar et Brač, qui offrent des plages spectaculaires et des paysages naturels à couper le souffle.

En somme, la Croatie est un pays avec une richesse culturelle et artistique considérable ainsi que des sites touristiques uniques. J'espère que tu auras l'occasion de visiter ce pays fascinant et de découvrir toute sa beauté par toi-même.

Cordialement,

Ton ami de Croatie.

Cher ami,

Je suis ravi de pouvoir te parler de mon pays, Cuba. Il y a tellement de choses merveilleuses à découvrir ici, tant en termes de culture, d'art que de tourisme.

La culture cubaine est très riche et diversifiée, résultant d'un mélange de traditions africaines, espagnoles et amérindiennes. La musique, la danse et l'art sont des éléments clés de la culture cubaine. La musique cubaine est célèbre dans le monde entier pour sa salsa, son son et son boléro. Les danses traditionnelles cubaines, telles que la rumba, la salsa et le cha-cha-cha, sont très populaires dans tout le pays. L'art cubain est également très varié, allant de la peinture aux sculptures, en passant par la céramique et la photographie.

Le tourisme est également un aspect important de Cuba, avec des plages de sable blanc, des eaux turquoise et des paysages spectaculaires. La vieille ville de La Havane, classée au patrimoine mondial de l'UNESCO, est un lieu incontournable pour les touristes. La ville regorge de musées, de galeries d'art, de bars et de restaurants proposant une cuisine locale délicieuse. De plus, Cuba est célèbre pour ses cigares de qualité supérieure et ses rhums.

Enfin, Cuba est également connue pour son histoire fascinante et sa révolution socialiste. Les touristes peuvent visiter des sites historiques tels que la Sierra Maestra, où Fidel Castro et Che Guevara ont mené la révolution, ou le musée de la révolution à La Havane.

En somme, Cuba est un pays riche en culture, en art et en histoire, offrant une expérience touristique unique et inoubliable.

Bien amicalement,

Ton ami de Cuba.

Cher ami,

Je suis ravi de te parler du Costa Rica, un pays magnifique et plein de richesses culturelles, artistiques et touristiques. Le Costa Rica est connu pour ses merveilles naturelles, mais il a également une riche culture et histoire.

Le pays est fier de son patrimoine précolombien et colonial. Les musées nationaux abritent une grande collection d'objets d'art et d'artisanat, y compris des bijoux, des sculptures et des textiles. Les villes de San José, Heredia et Alajuela ont des églises et des cathédrales coloniales magnifiquement restaurées.

Le Costa Rica est également réputé pour sa danse traditionnelle, la salsa, et pour sa musique typique, le merengue. La ville de San José est célèbre pour son Théâtre National, qui a été construit au 19ème siècle.

Le tourisme est une industrie importante au Costa Rica, grâce à ses plages paradisiaques, ses parcs nationaux et ses réserves naturelles. Le parc national Manuel Antonio, la réserve biologique Monteverde et le parc national Corcovado sont parmi les destinations touristiques les plus populaires.

Le pays a également une gastronomie intéressante, qui reflète les influences espagnoles et caribéennes. Les plats traditionnels tels que le gallo pinto, le ceviche et le casado sont à ne pas manquer.

En somme, le Costa Rica est un pays magnifique avec une richesse culturelle et naturelle remarquable. Si tu as l'occasion de le visiter, je te le recommande vivement !

Amicalement

Ton ami du Costa Rica.

Cher ami,

La Côte d'Ivoire, située en Afrique de l'Ouest, est un pays riche en culture et en histoire. Il est surtout connu pour son industrie du cacao, mais il y a tellement plus à découvrir. Voici quelques éléments sur la richesse culturelle, artistique et touristique du pays en 20 lignes :

La Côte d'Ivoire est un melting-pot de plus de 60 groupes ethniques différents, chacun avec sa propre culture et ses traditions.

La musique est une partie importante de la culture ivoirienne, avec des genres tels que le zouglou, le coupé-décalé, le reggae, et l'afro-pop.

La danse traditionnelle, notamment la danse Zaouli, est un élément important de la culture ivoirienne.

Le Musée National des Civilisations de Côte d'Ivoire, à Abidjan, abrite une collection d'artefacts historiques et culturels de la région.

La Basilique Notre-Dame-de-la-Paix de Yamoussoukro est la plus grande église catholique d'Afrique et une destination touristique populaire.

Le Parc national de Taï est l'une des plus grandes forêts tropicales intactes en Afrique de l'Ouest et abrite une grande variété de faune et de flore.

La région de Grand-Bassam est une ancienne colonie française qui abrite de nombreux bâtiments historiques datant de l'époque coloniale.

Le Plateau, le quartier d'affaires d'Abidjan, est un centre commercial animé avec de nombreux restaurants et boutiques..

La gastronomie ivoirienne est riche et variée, avec des plats comme le poulet Yassa, le poisson braisé, et le foutou.

La cérémonie du Goli, qui se déroule dans la région de l'Ouest, est une tradition culturelle qui met en scène des danseurs masqués.

La ville de Korhogo est connue pour sa production de tissus traditionnels, tels que les bogolans.

Le parc national de Comoé est l'un des plus grands parcs nationaux de l'Afrique de l'Ouest et est connu pour ses éléphants et ses lions.

Le Festival des masques de Man est un événement annuel qui célèbre la culture traditionnelle de la région.

Le marché des femmes de Dantokpa à Abidjan est l'un des plus grands marchés d'Afrique de l'Ouest et offre une grande variété de produits.

Ton ami de La Côte d'Ivoire

Cher ami,

Je suis ravi de pouvoir te parler de la richesse culturelle, artistique et touristique du Danemark ! Situé en Scandinavie, le Danemark est un pays fascinant, avec une histoire riche et des traditions uniques.

Côté culture, le Danemark est célèbre pour ses contes de fées, en particulier ceux écrits par Hans Christian Andersen, l'un des écrivains les plus célèbres du pays. Le Danemark est également connu pour son design minimaliste et élégant, avec des marques célèbres comme LEGO et Bang & Olufsen.

En termes d'art, le Musée national de Copenhague est un must-see pour les amateurs d'art. Le musée possède une vaste collection d'art et d'objets historiques, y compris des œuvres d'art nordiques et européennes.

Le tourisme au Danemark est également très populaire. La capitale, Copenhague, est une ville charmante avec de nombreux sites touristiques, comme la statue emblématique de la Petite Sirène, le château de Rosenborg et la rue commerçante de Strøget. Les parcs d'attractions sont également une grande attraction, avec Tivoli Gardens à Copenhague et Legoland Billund dans le centre du Jutland.

Le Danemark est également connu pour sa cuisine délicieuse, avec des plats traditionnels comme le Smørrebrød (une tranche de pain de seigle avec une variété de garnitures) et les frikadeller (boulettes de viande). La bière danoise est également très populaire dans le pays et dans le monde entier.

Enfin, le Danemark est également un pays respectueux de l'environnement, avec une grande importance accordée à la durabilité et à la conservation de la nature. Le pays est célèbre pour son vélo, avec de nombreuses pistes cyclables à travers tout le pays.

En somme, le Danemark est un pays qui a beaucoup à offrir, allant de sa riche histoire et culture à son design élégant, en passant par sa cuisine délicieuse et sa nature préservée. Je recommande fortement une visite dans ce magnifique pays !

Bien amicalement.

Ton ami de Danemark.

Cher ami,

Je suis ravi de t'écrire pour te parler de Djibouti, un petit pays de la corne de l'Afrique, riche en histoire, en culture et en beauté naturelle.

Djibouti est un pays multiculturel, avec une forte influence arabe, africaine et française. Cette diversité se reflète dans sa cuisine, sa musique, ses danses et ses coutumes. Les fêtes religieuses, notamment l'Aïd el-Fitr et l'Aïd al-Adha, sont célébrées avec joie et enthousiasme par la population.

L'art traditionnel djiboutien est très varié et coloré, avec des motifs géométriques et des couleurs vives. Les tapisseries, les bijoux, les poteries et les sculptures en bois sont autant d'éléments qui font la richesse de l'artisanat local.

En matière de tourisme, Djibouti possède une faune et une flore exceptionnelles. Le parc national du Day Forest est une réserve naturelle qui abrite de nombreuses espèces d'oiseaux, de mammifères et de reptiles, tandis que le parc national de Moucha Island est un lieu de prédilection pour les amateurs de plongée. Les plages de sable blanc bordées de palmiers et les eaux cristallines de la mer Rouge sont un véritable havre de paix.

Djibouti est également connu pour son histoire riche en événements importants tels que la guerre entre l'Éthiopie et la Somalie ou l'expansion coloniale européenne. Les monuments historiques tels que la Mosquée Hamoudi et le Palais du Peuple témoignent de cette histoire riche et diverse.

Enfin, Djibouti est un carrefour commercial important entre l'Afrique et l'Asie. Le marché central de la ville est un endroit animé où l'on peut acheter toutes sortes de produits locaux tels que le café, le thé, les épices et les tissus.

En somme, Djibouti est un pays magnifique et unique, avec une richesse culturelle, artistique et touristique qui ne demande qu'à être découverte.

À bientôt,

Ton ami de Djibouti.

Cher ami,

Je suis ravi de t'écrire pour te parler de la richesse culturelle, artistique et touristique de l'Egypte, un pays avec une histoire riche et fascinante.

L'Egypte est connue pour ses sites archéologiques et ses monuments anciens, tels que les pyramides de Gizeh, le Sphinx, les temples de Karnak et d'Abou Simbel, et la vallée des rois. Ces sites attirent des millions de touristes chaque année.

La culture égyptienne est également riche en musique, danse et folklore, avec des styles musicaux tels que la musique populaire shaabi, la musique classique arabe et la musique soufie.

L'art égyptien antique est célèbre dans le monde entier, avec des œuvres telles que les hiéroglyphes, les fresques et les sculptures qui racontent l'histoire de l'Egypte antique.

La cuisine égyptienne est délicieuse et variée, avec des plats tels que le ful medames, le koshari et le mahshi, ainsi que des desserts tels que le baklava et le basbousa.

Le pays est également connu pour son industrie du textile, avec des tissus tels que le coton égyptien et la soie qui sont très prisés.

L'Egypte est également un lieu de pèlerinage pour les musulmans, avec des sites sacrés tels que la mosquée Al-Azhar et la mosquée d'Amr ibn al-As.

Les croisières sur le Nil sont un autre point fort du tourisme en Egypte, permettant aux visiteurs de voir les sites antiques tout en naviguant sur le fleuve.

Le pays est également célèbre pour son désert, le Sahara, où l'on peut découvrir des paysages spectaculaires, des oasis cachées et des tribus nomades.

Enfin, l'hospitalité et la chaleur des Égyptiens rendent la visite du pays encore plus agréable.

Je t'encourage vivement à découvrir la richesse culturelle, artistique et touristique de l'Egypte en visitant ce merveilleux pays.

Cordialement,

Ton ami d’Egypte

Cher ami,

Je suis ravi de t'écrire pour te parler de la richesse culturelle, artistique et touristique des Émirats arabes unis. Ce pays est situé dans le golfe Persique et est composé de sept émirats : Abu Dhabi, Ajman, Dubaï, Fujairah, Ras el Khaïmah, Sharjah et Oumm al Qaïwaïn.

Le pays est célèbre pour ses villes cosmopolites et modernes, comme Dubaï et Abu Dhabi, qui sont des destinations touristiques très populaires. Dubaï est notamment connue pour sa tour Burj Khalifa, la plus haute tour du monde, ainsi que pour son parc d'attractions, le Dubai Mall, et son souk traditionnel.

Mais les Émirats arabes unis offrent également une riche culture et une histoire fascinante. Les visiteurs peuvent explorer les souks traditionnels, les mosquées et les forts historiques, tels que le fort Al Jahili à Al Ain. Le pays possède également une scène artistique dynamique, avec des musées, des galeries d'art et des événements culturels tout au long de l'année.

Les Émirats arabes unis sont également célèbres pour leur cuisine délicieuse et variée, allant des plats traditionnels aux cuisines internationales. Les fruits de mer frais sont un incontournable, ainsi que les plats de viande grillée.

Enfin, les Émirats arabes unis offrent des expériences uniques, telles que des safaris dans le désert, des balades à dos de chameau et des sports nautiques passionnants. Les visiteurs peuvent également profiter de la plage, des parcs d'attractions et des parcs aquatiques.

En résumé, les Émirats arabes unis sont une destination riche en culture, en histoire, en cuisine et en expériences uniques. Je te recommande vivement de visiter ce pays fascinant lors de ta prochaine escapade.

Cordialement,

Ton ami de Emirates Arabes Unies.

Cher ami,

Je suis ravi de t'écrire pour te parler de la richesse culturelle, artistique et touristique de l'Équateur. Ce pays situé en Amérique du Sud est célèbre pour sa biodiversité unique et sa culture fascinante.

L'Équateur est un pays à la fois historique et moderne, offrant une grande variété de paysages et d'expériences. Les visiteurs peuvent explorer les villes coloniales, les musées d'art et d'histoire, ainsi que les parcs nationaux et les forêts tropicales.

Le pays abrite également une culture indigène riche et diversifiée, avec des communautés indigènes qui préservent leur patrimoine et leurs traditions. Les visiteurs peuvent découvrir les célébrations culturelles telles que l'Inti Raymi, la fête du solstice d'été des Andes, ou la fête de la Mama Negra, une fête de la récolte dans la ville d'Ibarra.

L'Équateur possède également une scène artistique florissante, avec de nombreux musées d'art moderne, des festivals de musique et de danse, ainsi que des galeries d'art exposant les œuvres d'artistes locaux et internationaux.

Les paysages naturels de l'Équateur sont également un véritable trésor. Le pays abrite les îles Galápagos, connues pour leur biodiversité unique et leurs espèces endémiques, ainsi que les montagnes des Andes, les forêts amazoniennes et les plages pittoresques.

La cuisine équatorienne est également un aspect important de la culture du pays, offrant une variété de plats traditionnels et de spécialités régionales. Les visiteurs peuvent déguster des plats tels que le ceviche, la locro de papas (une soupe de pommes de terre) ou encore le churrasco (un steak grillé).

Enfin, les activités écotouristiques sont une expérience incontournable en Équateur, avec des excursions pour observer la faune et la flore, ainsi que des randonnées dans les montagnes, des treks dans la forêt amazonienne et des aventures en rafting dans les rivières du pays.

En résumé, l'Équateur est une destination riche en culture, en histoire, en nature et en gastronomie. Je te recommande vivement de découvrir ce pays magnifique lors de ta prochaine aventure.

Cordialement,

Ton ami de l'Equateur.

Cher ami,

Je suis ravi de t'écrire pour te parler de la richesse culturelle, artistique et touristique de l'Espagne. Ce pays situé en Europe du Sud est célèbre pour sa gastronomie, son art, son architecture, sa musique et bien plus encore.

L'Espagne est connue pour ses villes historiques, telles que Madrid, Barcelone, Grenade et Séville, qui sont des destinations touristiques très populaires. Les visiteurs peuvent explorer les places, les cathédrales, les châteaux et les palais, ainsi que les musées d'art tels que le musée du Prado à Madrid ou le musée Picasso à Barcelone.

L'Espagne est également célèbre pour sa cuisine délicieuse, allant des tapas aux paellas, ainsi que pour ses vins et ses spiritueux, tels que le vin rouge Rioja ou le cava, un vin pétillant espagnol. Les visiteurs peuvent également découvrir la cuisine locale de chaque région du pays.

Le pays possède une scène artistique dynamique, avec des musées, des galeries d'art et des événements culturels tout au long de l'année. Les visiteurs peuvent découvrir l'art de Salvador Dalí, Pablo Picasso, Joan Miró et Antoni Gaudí, et visiter des sites célèbres tels que la Sagrada Familia ou le parc Güell à Barcelone.

L'Espagne est également connue pour sa musique flamenco, une danse et une musique traditionnelle andalouse, ainsi que pour ses festivals de musique internationaux tels que le festival de musique Primavera Sound à Barcelone ou le festival de Benicassim.

Enfin, l'Espagne possède une belle nature, allant des montagnes des Pyrénées au nord aux plages de la Méditerranée au sud, ainsi que des îles des Baléares et des Canaries. Les visiteurs peuvent également découvrir les parcs nationaux, tels que le parc national de Doñana ou le parc national des Picos de Europa.

En résumé, l'Espagne est une destination riche en culture, en gastronomie, en art, en musique et en nature. Je te recommande vivement de visiter ce pays passionnant lors de ta prochaine escapade.

Cordialement,

Ton ami d’Espagne.

Cher ami,

Je suis ravi de t'écrire pour te parler de la richesse culturelle, artistique et touristique de la France, un pays qui a tant à offrir.

La France est célèbre pour son art et son architecture, avec des monuments tels que la Tour Eiffel, l'Arc de Triomphe et la Cathédrale Notre-Dame de Paris, ainsi que des musées tels que le Louvre, qui abrite certaines des plus grandes œuvres d'art du monde.

Le pays est également connu pour sa cuisine raffinée, avec des plats tels que le boeuf bourguignon, la quiche lorraine, les escargots et le fromage français qui sont célèbres dans le monde entier.

La culture française est également marquée par les arts, avec des écrivains tels que Victor Hugo, Albert Camus et Simone de Beauvoir, ainsi que des cinéastes tels que Jean-Luc Godard et François Truffaut.

Le pays est également riche en histoire, avec des châteaux majestueux, des ruines romaines et des villages médiévaux préservés tels que Carcassonne et Saint-Emilion.

La France est également connue pour ses paysages magnifiques, avec des montagnes, des côtes et des rivières, tels que les Alpes, la Côte d'Azur et la Loire.

Les festivals sont également une grande partie de la culture française, avec des événements tels que le Festival de Cannes, le Festival d'Avignon et le Festival International de Musique de Menton.

Le pays est également célèbre pour ses parfums, ses vins et ses produits de luxe tels que les sacs à main de Louis Vuitton, les chaussures de Christian Louboutin et les vêtements haute couture de Chanel.

Enfin, la France est un pays où la langue française est très importante, et où l'hospitalité et la convivialité sont des valeurs clés de la culture française.

Je t'encourage vivement à découvrir la richesse culturelle, artistique et touristique de la France en visitant ce merveilleux pays.

Cordialement,

Ton ami de France.

Cher ami,

Je suis ravi de t'écrire pour te parler de la richesse culturelle, artistique et touristique de la Finlande. Ce pays situé dans le nord de l'Europe est connu pour sa nature sauvage, ses aurores boréales, son design, son architecture et bien plus encore.

La Finlande possède une riche culture, allant de la musique traditionnelle et de la danse à la littérature et aux arts visuels. Les visiteurs peuvent explorer les musées d'art contemporain tels que le Kiasma à Helsinki, ou découvrir la poésie et la prose finlandaises dans des festivals littéraires tels que le Helsinki Lit.

Le design finlandais est célèbre dans le monde entier, avec des marques comme Marimekko et Iittala qui sont devenues des symboles du design nordique. Les visiteurs peuvent découvrir le design finlandais en visitant des magasins spécialisés ou en se promenant dans les quartiers de design de Helsinki.

La Finlande est également célèbre pour son architecture unique, allant des maisons en bois traditionnelles aux bâtiments modernes en verre et en acier. Les visiteurs peuvent explorer des sites célèbres tels que le Palais Finlandia ou le temple Temppeliaukio, une église construite dans une roche naturelle.

Le pays possède une nature sauvage et préservée, avec des milliers de lacs, des forêts de pins, des parcs nationaux et des aurores boréales spectaculaires. Les visiteurs peuvent se promener en forêt, faire du kayak sur les lacs ou admirer les aurores boréales dans les régions du nord.

Enfin, la Finlande est également célèbre pour ses événements sportifs, tels que le Marathon de Helsinki ou la Coupe du Monde de Ski de Fond, ainsi que pour ses festivals de musique tels que le Flow Festival à Helsinki.

En résumé, la Finlande est une destination riche en culture, en nature, en design, en architecture et en événements sportifs et culturels. Je te recommande vivement de visiter ce pays fascinant lors de ta prochaine escapade.

Cordialement,

Ton ami de Finlande.

Cher ami,

Je suis ravi de te parler de la richesse culturelle, artistique et touristique du Ghana, l'un des pays les plus fascinants d'Afrique de l'Ouest. Tout d'abord, le Ghana a une histoire riche et diversifiée, des anciens royaumes Ashanti et Fanti aux années de lutte pour l'indépendance et l'émergence d'une démocratie florissante. Les gens sont chaleureux et accueillants, et la culture du pays est vibrante et dynamique.

En termes de sites touristiques, le Ghana possède une côte magnifique qui s'étend sur plus de 500 km avec des plages de sable blanc et des villages de pêcheurs pittoresques tels que Cape Coast, Elmina et Takoradi. Le pays abrite également plusieurs parcs nationaux, notamment le parc national de Kakum, où les visiteurs peuvent faire de la randonnée dans la forêt tropicale et profiter d'une vue imprenable sur la canopée.

La ville historique de Cape Coast est également un lieu incontournable pour les visiteurs, avec son célèbre château construit par les Portugais au 15ème siècle, qui a servi de centre de commerce d'esclaves pendant des siècles. Le château a été restauré et transformé en un musée de l'esclavage, qui est une visite émouvante et informative pour les visiteurs.

En termes de musique et d'art, le Ghana est un pays très riche. La musique traditionnelle ghanéenne, qui utilise souvent des tambours et des percussions, est connue dans le monde entier. Le pays est également connu pour ses tissus colorés en coton, tels que le kente et l'adinkra, qui sont souvent utilisés pour fabriquer des vêtements traditionnels.

Enfin, la cuisine ghanéenne est également un régal pour les visiteurs, avec des plats savoureux tels que le fufu, le banku et le jollof rice, qui sont préparés avec des ingrédients locaux frais.

Dans l'ensemble, le Ghana est un pays fascinant et accueillant qui offre une riche expérience culturelle, artistique et touristique. Je te recommande vivement de le visiter lors de ton prochain voyage en Afrique de l'Ouest.

Amicalement,

Ton ami de Ghana.

Cher ami,

Je suis heureux de t'écrire pour te parler de la richesse culturelle, artistique et touristique de la Géorgie. Ce pays situé dans le Caucase est connu pour sa cuisine, son vin, son patrimoine architectural, ses paysages naturels époustouflants et bien plus encore.

La Géorgie est un pays où la culture est très importante. Les visiteurs peuvent découvrir la danse géorgienne traditionnelle, qui est très vivante et animée, ainsi que la musique folklorique et la poésie géorgienne. Les festivals de musique tels que le Tbilisi Jazz Festival ou le Black Sea Jazz Festival attirent des artistes de renommée mondiale.

La cuisine géorgienne est l'une des plus délicieuses au monde, avec des plats tels que le khinkali, une sorte de ravioli géant, et le khachapuri, une sorte de pain fourré au fromage. Les visiteurs peuvent découvrir ces plats dans des restaurants traditionnels ou sur les marchés locaux.

Le vin géorgien est également renommé dans le monde entier. La Géorgie est l'un des plus anciens pays viticoles du monde, avec une tradition de vinification remontant à plus de 8000 ans. Les visiteurs peuvent découvrir les caves et les vignobles de Kakheti, la région viticole la plus célèbre de Géorgie.

La Géorgie possède un patrimoine architectural impressionnant, allant des églises et des monastères médiévaux aux bâtiments modernes en verre et en acier. Les visiteurs peuvent découvrir des sites célèbres tels que la vieille ville de Tbilissi, la forteresse de Narikala ou la cathédrale de Svetitskhoveli.

La nature de la Géorgie est également spectaculaire, avec des montagnes enneigées, des rivières cristallines, des lacs et des parcs nationaux. Les visiteurs peuvent faire de la randonnée dans les montagnes du Caucase, faire du rafting sur les rivières ou simplement profiter de la beauté naturelle de la région.

Enfin, la Géorgie est également célèbre pour ses festivals et événements culturels tels que le Festival du film de Tbilissi ou le Festival de la mode Mercedes-Benz.

En résumé, la Géorgie est une destination riche en culture, en nature, en gastronomie et en événements culturels. Je te recommande vivement de visiter ce pays fascinant lors de ta prochaine escapade.

Cordialement,

Ton ami de Géorgie.

Cher ami,

La Grèce est un pays riche en histoire et en culture, avec une influence considérable sur l'art, la philosophie, la politique et la science occidentales. Le pays abrite des sites archéologiques incroyables tels que l'Acropole d'Athènes, le Parthénon, l'Oracle de Delphes et les ruines antiques de la ville de Mycènes. Les musées grecs, tels que le Musée de l'Acropole et le Musée archéologique national, sont également une source importante de fierté nationale.

La Grèce est également connue pour ses contributions à l'art et à la littérature, notamment l'épopée d'Homère, la poésie de Sappho et les pièces de théâtre de Sophocle, Euripide et Aristophane. La musique traditionnelle grecque est également très populaire, en particulier la musique rebetiko, qui est souvent associée à la vie urbaine et aux mouvements sociaux.

En ce qui concerne le tourisme, les îles grecques sont une destination de choix pour les voyageurs du monde entier, avec des sites tels que Santorin, Mykonos et Rhodes offrant des plages magnifiques, une cuisine délicieuse et des vues panoramiques à couper le souffle. La cuisine grecque, avec des plats tels que le tzatziki, le souvlaki et la moussaka, est également une attraction touristique importante.

Enfin, la Grèce est connue pour ses célébrations de festivals religieux, en particulier la fête de Pâques, qui est célébrée avec passion et dévotion dans tout le pays. La vie nocturne animée d'Athènes et de Thessalonique est également très populaire auprès des touristes qui cherchent à profiter de la culture de la Grèce.

En somme, la Grèce est un pays riche en histoire, en culture et en attractions touristiques, et je recommande vivement à tous ceux qui en ont l'opportunité de le visiter.

Cordialement,

Ton ami du Grèce.

Cher ami,

Je suis ravi de te parler de la richesse culturelle, artistique et touristique de la Guinée. La Guinée est un pays situé en Afrique de l'Ouest qui possède une culture et des traditions riches et variées, qui sont souvent célébrées à travers des événements culturels et artistiques.

Le patrimoine culturel de la Guinée est extrêmement diversifié, avec plus de 24 groupes ethniques différents, chacun avec ses propres langues, musiques, danses et costumes traditionnels. Les danses et musiques guinéennes sont célèbres dans le monde entier pour leur énergie, leur rythme et leur beauté. Les instruments de musique traditionnels guinéens, tels que le djembé, le balafon et le kora, sont également très appréciés.

La Guinée est également connue pour sa cuisine savoureuse, qui utilise des ingrédients frais et locaux pour créer des plats délicieux. Les plats traditionnels guinéens incluent le riz et le poulet yassa, le poisson braisé, le foufou et les bananes plantains.

Le tourisme en Guinée est en pleine expansion, avec de nombreux endroits à visiter tels que les cascades de Kambadaga, le Mont Nimba et les plages de Conakry. Le parc national du Haut Niger offre également des opportunités de safari, tandis que les marchés colorés de la capitale, Conakry, sont l'endroit idéal pour trouver des souvenirs locaux.

La Guinée est également riche en art contemporain, en littérature et en cinéma, avec des artistes et des auteurs émergents qui créent des œuvres passionnantes et stimulantes.

En somme, la Guinée est un pays avec une culture et des traditions riches, une cuisine savoureuse, un patrimoine naturel et touristique impressionnant, et une scène artistique florissante. Je te recommande fortement de visiter la Guinée et de découvrir tout ce qu'elle a à offrir.

Cordialement,

Ton ami de Guinée

Cher ami,

Je suis heureux de t'écrire pour te parler de la richesse culturelle, artistique et touristique d'Haïti. Ce pays insulaire situé dans la mer des Caraïbes est connu pour sa culture vibrante, sa musique envoûtante, sa cuisine délicieuse et ses magnifiques paysages naturels.

Haïti possède une riche culture africaine et créole, reflétée dans ses danses, sa musique et ses festivals. Le Carnaval d'Haïti, qui a lieu chaque année en février, est l'un des événements les plus importants du pays, où les gens se réunissent pour danser, chanter et célébrer.

La musique haïtienne est également très renommée, allant du compas au racine, en passant par le vodou et le rara. Des artistes de renommée internationale tels que Wyclef Jean ont contribué à populariser la musique haïtienne dans le monde entier.

La cuisine haïtienne est également très savoureuse, avec des plats tels que le griot, un porc frit mariné, et le riz collant aux haricots rouges. Les visiteurs peuvent découvrir ces plats dans des restaurants locaux ou sur les marchés.

Haïti est également connue pour son architecture coloniale française, visible dans ses bâtiments historiques tels que la Citadelle Laferrière et le Palais Sans-Souci. Les visiteurs peuvent également découvrir les nombreuses églises, temples et sites historiques disséminés dans tout le pays.

Les paysages naturels d'Haïti sont également à couper le souffle, avec des plages de sable blanc, des montagnes verdoyantes, des rivières cristallines et des cascades spectaculaires. Les visiteurs peuvent faire de la randonnée dans les montagnes ou explorer les îles voisines pour découvrir la beauté naturelle de la région.

Haïti est également un centre de l'art, avec des peintures, sculptures et artisanats uniques et colorés. Les visiteurs peuvent découvrir les œuvres d'art locaux dans les galeries et les marchés d'artisanat du pays.

Enfin, Haïti est un pays où la spiritualité est très présente, avec une forte tradition vaudou. Les visiteurs peuvent assister à des cérémonies vaudou et en apprendre davantage sur cette religion fascinante.

En résumé, Haïti est une destination riche en culture, en nature, en gastronomie et en spiritualité. Je te recommande vivement de visiter ce pays fascinant lors de ta prochaine escapade.

Cordialement,

Ton ami d'Haïti.

Cher ami,

Je suis ravi de t'écrire pour te parler de la riche culture, de l'art et du tourisme en Hongrie. Ce pays d'Europe centrale possède une histoire riche et fascinante, une architecture époustouflante, une cuisine délicieuse et de superbes paysages naturels.

La Hongrie est peut-être mieux connue pour sa ville capitale, Budapest, qui est une destination incontournable pour les visiteurs. Budapest est divisée en deux parties par le Danube, et les visiteurs peuvent admirer les magnifiques vues panoramiques depuis les collines de Buda ou en se promenant le long des quais du Danube.

La Hongrie est également connue pour ses bains thermaux, comme les célèbres bains Széchenyi, où les visiteurs peuvent se détendre dans des piscines d'eau chaude et profiter des traitements de spa. Les bains thermaux sont une tradition vieille de plusieurs siècles en Hongrie et sont une expérience unique.

Le pays possède également une histoire riche, reflétée dans son architecture, comme le château de Buda et la basilique Saint-Étienne. Les visiteurs peuvent également découvrir les ruines romaines d'Aquincum ou les magnifiques églises baroques et gothiques de la campagne hongroise.

La Hongrie est également connue pour sa musique, avec des compositeurs célèbres tels que Franz Liszt et Béla Bartók. Les visiteurs peuvent assister à des concerts de musique classique dans des salles de concert historiques ou découvrir la musique tzigane traditionnelle dans les cafés et restaurants de la ville.

La cuisine hongroise est également célèbre pour ses plats savoureux et copieux, tels que le goulash et le tokaji, un vin doux local. Les visiteurs peuvent découvrir la cuisine hongroise dans les restaurants locaux, les marchés et les festivals gastronomiques.

En dehors de Budapest, la Hongrie possède également de magnifiques paysages naturels, tels que les montagnes de Mátra et les lacs Balaton et Héviz. Les visiteurs peuvent faire de la randonnée, du vélo ou des sports nautiques, ou simplement se détendre dans des villages pittoresques de la campagne hongroise.

Enfin, la Hongrie possède une tradition artisanale et artistique riche, reflétée dans les céramiques, les textiles et les souvenirs fabriqués à la main. Les visiteurs peuvent découvrir ces artisanats dans les marchés et les ateliers d'artisans locaux.

En résumé, la Hongrie est une destination riche en culture, en histoire, en nature et en gastronomie. Je te recommande vivement de visiter ce pays fascinant lors de ta prochaine escapade.

Cordialement,

Ton ami de Hongrie

Cher ami,

Je suis ravi de t'écrire aujourd'hui pour te parler du Honduras, un pays d'Amérique centrale avec une culture et une histoire riches et variées. La première chose qui me vient à l'esprit lorsque je pense au Honduras est la beauté de ses plages et de ses forêts tropicales luxuriantes. Le pays abrite de nombreux parcs nationaux et réserves naturelles, offrant des possibilités de randonnée, de plongée sous-marine et de tourisme écologique.

Au-delà de ses merveilles naturelles, le Honduras possède également une richesse culturelle et artistique impressionnante. La ville de Copán est un site archéologique maya majeur, avec des ruines impressionnantes qui remontent à plus de 2 000 ans. Les musées et les galeries d'art de Tegucigalpa, la capitale, présentent une grande variété d'œuvres d'art moderne et traditionnel, notamment de la poterie, des textiles et des sculptures.

La musique et la danse sont également des éléments importants de la culture hondurienne. Le punta est un genre de musique traditionnel accompagné de danse qui est souvent joué lors des festivals et des événements communautaires. Le Carnaval de La Ceiba, qui a lieu chaque année en mai, est l'un des plus grands carnavals d'Amérique centrale, avec des défilés colorés, des costumes extravagants et beaucoup de musique et de danse.

Enfin, la cuisine hondurienne est également remarquable, offrant une variété de plats savoureux tels que les baleadas, les tamales, les platanos, le riz et les haricots. Les fruits tropicaux sont également abondants, avec des papayes juteuses, des mangues sucrées et des ananas parfumés.

En somme, le Honduras est un pays avec une grande variété d'attractions touristiques et culturelles à offrir. De ses plages de sable blanc à ses ruines antiques et à sa cuisine délicieuse, il y en a pour tous les goûts. J'espère que tu auras l'occasion de visiter ce pays fascinant un jour !

Cordialement,

Ton ami du Honduras

Cher ami,

Je suis ravi de t'écrire pour te parler de la richesse culturelle, artistique et touristique de l'Inde, un pays incroyablement diversifié et riche en histoire.

L'Inde est célèbre pour ses monuments historiques tels que le Taj Mahal, le Fort Rouge de Delhi, le Qutub Minar, le Temple d'Or et les grottes d'Ajanta et d'Ellora.

La culture indienne est également riche en musique, danse et folklore, avec des styles musicaux tels que la musique hindoustanie, la musique carnatique et la musique folklorique.

L'art indien est célèbre pour ses peintures, sculptures et artisanats tels que les tapis, les poteries, les bijoux et les tissus traditionnels comme le sari.

La cuisine indienne est délicieuse et variée, avec des plats tels que le curry, le biryani, le tandoori, les samosas et les lassis. Chaque région a ses propres spécialités et variations de la cuisine indienne.

L'Inde est également un lieu de pèlerinage pour les hindous, les sikhs, les bouddhistes et les jaïns, avec des sites sacrés tels que le Varanasi, le temple de Tirumala Venkateswara, le Golden Temple et les grottes d'Ellora.

Les fêtes et festivals indiens sont également très célèbres, tels que le festival Diwali, Holi, Durga Puja et le festival du Kumbh Mela qui attire des millions de pèlerins chaque année.

Les plages de Goa, les montagnes de l'Himalaya et les déserts du Rajasthan sont autant d'attraits pour les visiteurs qui souhaitent explorer les paysages naturels de l'Inde.

Les safaris en Inde pour observer les tigres du Bengale, les éléphants, les rhinocéros et les léopards sont également une expérience unique à ne pas manquer.

Enfin, la diversité des langues, des cultures et des religions de l'Inde rendent la visite du pays encore plus riche et intéressante.

Je t'encourage vivement à découvrir la richesse culturelle, artistique et touristique de l'Inde en visitant ce pays fascinant.

Cordialement,

Ton ami de l’Inde

Bien sûr, je serais heureux de te parler de l'Iran, mon ami ! L'Iran est un pays d'Asie de l'Ouest riche en histoire et en culture, avec une diversité géographique allant des montagnes enneigées au nord aux vastes déserts du centre. Voici une brève description de la richesse culturelle, artistique et touristique de l'Iran:

L'Iran abrite de nombreux sites historiques tels que Persépolis, des ruines antiques de la ville de Persépolis, qui était la capitale de l'Empire perse achéménide.

La ville d'Ispahan est considérée comme l'une des villes les plus belles du monde, avec des mosquées et des palais ornés de mosaïques et de tuiles colorées.

La ville de Shiraz est célèbre pour ses jardins persans, ses mosquées et son mausolée de Hafez, un poète célèbre de la Perse antique.

La cuisine iranienne est riche en saveurs et en épices, avec des plats tels que le kebab, le ragoût de bœuf (gheimeh) et les ragoûts de lentilles.

L'Iran est célèbre pour ses tapis persans faits à la main, qui sont considérés comme certains des plus beaux au monde.

Le pays a une riche histoire musicale, avec des genres tels que la musique classique persane, le chant soufi et la musique populaire.

Les costumes traditionnels iraniens sont également magnifiques, avec des vêtements tels que la robe longue (chador) et la tunique (kurta).

L'Iran est un centre de production de la soie et du coton, et les textiles persans sont appréciés dans le monde entier.

Le pays est également célèbre pour son architecture islamique, avec des mosquées et des mausolées ornés de dômes et de minarets.

Le bazar de Téhéran est l'un des plus grands et des plus anciens bazars du monde, avec des étals vendant tout, des tapis aux épices.

Le désert de Dasht-e Kavir, l'un des plus grands déserts du monde, offre une vue spectaculaire avec ses vastes dunes de sable.

Le mausolée de l'imam Reza à Mashhad est l'un des sites religieux les plus importants du pays, avec une architecture incroyablement détaillée.

L'Iran est également connu pour ses festivals, tels que le festival de Norouz.

Ton ami d'Iran

Cher ami,

L'Islande est un pays qui a une riche histoire et culture, ainsi qu'une beauté naturelle exceptionnelle qui attire de nombreux touristes chaque année.

En ce qui concerne la culture, l'Islande est connue pour son folklore et ses sagas islandaises, qui sont des histoires médiévales transmises de génération en génération. La littérature islandaise est également très renommée avec des auteurs tels que Halldór Laxness et Arnaldur Indriðason. Le pays a également une scène musicale dynamique avec des groupes tels que Sigur Rós et Björk, qui ont gagné une renommée internationale.

En ce qui concerne les attractions touristiques, l'Islande est connue pour ses paysages naturels spectaculaires tels que les geysers, les glaciers, les cascades, les volcans, les plages de sable noir et les fjords. Il y a également de nombreuses sources chaudes naturelles où l'on peut se baigner comme le célèbre Blue Lagoon. En plus de cela, il y a la ville de Reykjavik qui est un centre culturel et artistique animé avec de nombreux musées, galeries d'art et restaurants proposant une cuisine islandaise traditionnelle.

Enfin, l'Islande est également connue pour les aurores boréales qui peuvent être vues dans certaines parties du pays pendant les mois d'hiver. C'est un spectacle incroyablement beau et unique qui attire des touristes du monde entier.

En somme, l'Islande est un pays avec une riche culture et des attractions touristiques uniques qui valent la peine d'être découvertes.

Bien à toi,

Ton ami d'Islande.

Cher ami,

Je suis heureux de te parler de la richesse culturelle, artistique et touristique de l'Italie, un pays qui a inspiré des générations d'artistes et de voyageurs du monde entier.

L'Italie est un pays riche en histoire, avec une grande variété de sites antiques et médiévaux. Des monuments célèbres tels que le Colisée et le Panthéon de Rome témoignent de l'héritage de l'Empire romain, tandis que les églises et les palais de Florence rappellent la période de la Renaissance. Venise est célèbre pour ses canaux romantiques et ses palais vénitiens, tandis que la ville de Pompéi est un témoignage fascinant de la vie quotidienne de la civilisation romaine.

L'Italie est également un centre de l'art et de la culture. Les œuvres de Michel-Ange, Léonard de Vinci et Raphaël sont exposées dans les musées du pays, tandis que les opéras de Verdi et Puccini sont joués dans les théâtres et les salles de concert. La ville de Florence est considérée comme le berceau de la Renaissance italienne, avec des trésors artistiques tels que la statue de David de Michel-Ange et les fresques de la Chapelle Sixtine à Rome.

La cuisine italienne est également réputée dans le monde entier. Les visiteurs peuvent déguster des pâtes fraîches, des pizzas et des vins locaux dans les trattorias, les osterias et les restaurants de tout le pays. Les marchés alimentaires tels que le Mercato Centrale à Florence et le marché de Campo de' Fiori à Rome sont également des endroits incontournables pour goûter aux spécialités locales.

L'Italie est également un lieu de beauté naturelle, avec une variété de paysages allant des montagnes des Alpes aux plages ensoleillées de la côte amalfitaine. Les lacs du nord de l'Italie, tels que le lac de Côme, offrent des paysages pittoresques et une ambiance romantique, tandis que les Cinque Terre sont célèbres pour leurs villages colorés perchés sur les falaises de la côte.

L'Italie est également un pays de festivals et de célébrations, avec des événements tels que le Carnaval de Venise, la Palio de Sienne et la Fête de la République italienne, qui commémore la naissance de la République italienne.

En somme, l'Italie est un pays incroyablement riche en culture, en art et en histoire. Je te recommande vivement de visiter ce pays merveilleux pour découvrir toutes ses richesses.

Cordialement, Ton ami d'Italie.

Cher ami,

Je suis heureux de t'écrire pour te parler de la richesse culturelle, artistique et touristique de l'Indonésie. Ce pays insulaire d'Asie du Sud-Est est connu pour ses paysages naturels spectaculaires, sa cuisine délicieuse et sa diversité culturelle.

L'Indonésie est composée de milliers d'îles, chacune avec sa propre culture et traditions. La ville de Yogyakarta est connue pour son architecture traditionnelle javanaise, tandis que Bali est célèbre pour ses temples hindous et sa danse traditionnelle balinaise.

L'Indonésie possède également une faune et une flore incroyablement diverses. Les visiteurs peuvent observer des orangs-outans et des éléphants dans les jungles de Sumatra, des dragons de Komodo sur les îles de la Sonde et des tortues de mer sur les plages de Bali.

La cuisine indonésienne est également délicieuse et variée, avec des plats comme le nasi goreng (riz frit), le rendang (viande épicée mijotée) et le sate (brochettes de viande grillées). Les visiteurs peuvent découvrir la cuisine indonésienne dans les restaurants locaux et les marchés alimentaires.

L'Indonésie est également connue pour son artisanat, avec des textiles, des bijoux et des sculptures traditionnelles fabriquées à la main. Les visiteurs peuvent découvrir l'artisanat indonésien dans les marchés locaux et les ateliers d'artisans.

L'Indonésie est également un lieu de pèlerinage pour les amateurs de surf, avec des spots de surf de classe mondiale tels que les îles Mentawai et Bali. Les visiteurs peuvent également faire de la plongée sous-marine et du snorkeling dans les eaux cristallines de l'Indonésie, où ils pourront admirer les récifs coralliens et la vie marine abondante.

Enfin, l'Indonésie possède une riche histoire et culture, reflétée dans ses temples anciens, ses musées et ses festivals traditionnels. Les visiteurs peuvent explorer le temple de Borobudur à Java, le plus grand temple bouddhiste du monde, ou assister au festival annuel de Nyepi à Bali, où les habitants se livrent à une journée de silence et de réflexion.

En somme, l'Indonésie est un pays fascinant à explorer, avec une diversité culturelle, une beauté naturelle et une cuisine délicieuse. Je te recommande vivement de visiter ce pays incroyable lors de ta prochaine aventure.

Cordialement,

Ton ami d'Indonésie.

Cher ami,

Je suis heureux de partager avec toi la richesse culturelle, artistique et touristique d'Israël. Ce petit pays est riche en histoire, en spiritualité et en diversité, avec de nombreux sites et expériences à découvrir.

Israël est connu comme le berceau des trois grandes religions monothéistes - le judaïsme, le christianisme et l'islam - et possède de nombreux sites saints. Les visiteurs peuvent se rendre à Jérusalem pour visiter la vieille ville et ses sites sacrés, tels que le Mur des Lamentations, la mosquée Al-Aqsa et l'église du Saint-Sépulcre. À Bethléem, les voyageurs peuvent visiter la grotte où Jésus est né, tandis qu'à Nazareth, ils peuvent découvrir la maison de la Vierge Marie.

Israël est également connu pour sa riche histoire biblique, avec des sites tels que Masada, où les Juifs ont résisté à l'occupation romaine, et la ville antique de Césarée, construite par le roi Hérode.

En plus de son patrimoine religieux, Israël possède également une scène artistique et culturelle florissante. Les visiteurs peuvent découvrir des musées d'art contemporain, tels que le Musée d'art de Tel Aviv, des festivals de danse et de musique, tels que le Festival international de musique d'Eilat, et des événements culturels annuels tels que le Festival de la lumière de Jérusalem.

Israël est également un pays de contrastes, avec une diversité de paysages à couper le souffle. Les voyageurs peuvent explorer le désert du Néguev, avec ses canyons et ses oasis, les montagnes de Galilée, avec ses vues panoramiques, et les plages de la mer Morte, avec leur eau salée et leurs boues curatives.

La nourriture israélienne est également une attraction en soi, avec une cuisine méditerranéenne fraîche et savoureuse qui reflète l'histoire et la diversité culturelle du pays. Les voyageurs peuvent déguster des falafels, des shakshukas et d'autres plats locaux dans les marchés alimentaires tels que le marché Mahane Yehuda de Jérusalem.

En somme, Israël est un pays fascinant avec une richesse culturelle, artistique et touristique incroyable. Je te recommande vivement de visiter ce pays merveilleux pour découvrir toutes ses richesses.

Cordialement,

Ton ami d'Israël

Cher ami,

Je suis heureux de t'écrire pour te parler de la richesse culturelle, artistique et touristique du Japon, un pays qui a tant à offrir.

Le Japon est reconnu pour son architecture traditionnelle, avec des temples bouddhistes et des sanctuaires shintoïstes magnifiquement préservés, tels que le temple Kiyomizu-dera à Kyoto ou le sanctuaire Itsukushima à Hiroshima.

La culture japonaise est également marquée par les arts traditionnels tels que la céramique, la calligraphie, la peinture et l'estampe. Les musées d'art et les galeries à travers le pays présentent une collection diversifiée d'art contemporain et d'artefacts historiques.

La cuisine japonaise est également célèbre dans le monde entier, avec des plats tels que les sushis, les ramens, les sobas, les okonomiyakis et bien d'autres délices gastronomiques.

Le Japon est également connu pour ses paysages naturels, avec des montagnes, des lacs et des cascades pittoresques, tels que le mont Fuji, le parc national de Nikko et les jardins japonais traditionnels.

La culture populaire japonaise est également une grande partie de la vie quotidienne au Japon, avec des animations, des bandes dessinées et des jeux vidéo qui ont une renommée mondiale.

Les festivals traditionnels sont également très populaires au Japon, avec des événements tels que le festival de danse d'Awa Odori à Tokushima ou encore le festival de neige de Sapporo.

Le Japon est également un pays moderne, avec des villes animées telles que Tokyo, Osaka et Yokohama, offrant des centres commerciaux, des restaurants, des bars et des boîtes de nuit.

Enfin, la culture japonaise est imprégnée de valeurs telles que la discipline, l'hospitalité et le respect, qui contribuent à l'atmosphère chaleureuse et accueillante que les visiteurs rencontrent dans tout le pays.

Je te recommande vivement de découvrir la richesse culturelle, artistique et touristique du Japon en visitant ce merveilleux pays.

Cordialement,

Ton ami du Japon

Cher ami,

Je suis heureux de partager avec toi la richesse culturelle, artistique et touristique de la Jordanie, un pays avec une longue histoire et une beauté naturelle incroyable.

La Jordanie est célèbre pour ses sites antiques, tels que Petra, l'une des sept merveilles du monde moderne. Cette ancienne ville creusée dans la roche est incroyablement impressionnante, avec des temples, des tombeaux et des théâtres. La citadelle de Amman, située sur une colline surplombant la ville, est également un site historique important, avec des vestiges romains, byzantins et islamiques.

La Jordanie possède également une culture riche et diversifiée, reflétée dans l'architecture, la musique et la nourriture. La musique jordanienne est influencée par les styles de la région, avec une musique traditionnelle de flûte et de tambour, tandis que l'art islamique est omniprésent dans les mosquées et les bâtiments publics. La nourriture jordanienne est délicieuse, avec des plats tels que le mansaf (plat national à base de riz, d'agneau et de yaourt), le falafel et le hummus.

Les voyageurs peuvent également profiter des merveilles naturelles de la Jordanie, comme la mer Morte, un corps d'eau salée qui est à la fois le point le plus bas de la Terre et le plus riche en minéraux. Le Wadi Rum, un désert de roches rouges qui a servi de décor à de nombreux films hollywoodiens, est également un lieu de beauté naturelle à couper le souffle, avec des formations rocheuses étonnantes et des possibilités de randonnée.

La Jordanie est également un pays accueillant et sûr, avec une population chaleureuse et amicale qui se fait un plaisir d'accueillir les visiteurs. Les voyageurs peuvent se promener dans les souks colorés de Amman, faire une promenade dans le désert avec un bédouin local, ou simplement profiter d'une tasse de thé à la menthe tout en discutant avec les habitants.

En somme, la Jordanie est un pays avec une richesse culturelle, artistique et touristique incroyable. Je te recommande vivement de visiter ce pays merveilleux pour découvrir toutes ses merveilles.

Cordialement,

Ton ami de Jordanie

Cher ami,

Je suis ravi de te parler de la Jamaïque, un pays insulaire des Caraïbes qui est connu pour sa musique reggae, ses plages de sable blanc, ses montagnes majestueuses et ses cascades spectaculaires. La Jamaïque est un endroit idéal pour les amateurs de plein air, les amateurs de cuisine exotique, les passionnés de musique et les amateurs de sports nautiques.

La Jamaïque possède une culture unique qui reflète les influences africaines, européennes et amérindiennes. Les habitants sont accueillants et leur patrimoine culturel est fascinant. L'île a produit des artistes légendaires tels que Bob Marley, Jimmy Cliff et Peter Tosh, dont la musique reggae a captivé le monde entier.

La Jamaïque est également célèbre pour ses magnifiques plages, notamment Montego Bay, Negril et Ocho Rios, où les visiteurs peuvent se prélasser au soleil, faire de la plongée sous-marine ou du snorkeling dans les eaux cristallines, ou même faire une croisière en bateau.

Les montagnes Blue et John Crow, qui sont inscrites au patrimoine mondial de l'UNESCO, offrent des paysages naturels époustouflants et des sentiers de randonnée spectaculaires. La célèbre cascade de Dunn's River Falls est une autre attraction populaire, où les visiteurs peuvent escalader les rochers pour admirer les chutes d'eau et les piscines naturelles.

Enfin, la cuisine jamaïcaine est un délice pour les papilles gustatives, avec des plats tels que le poulet jerk, le poisson braisé, le riz et les haricots et les bananes plantains frites. Les fruits exotiques tels que les mangues, les ananas et les papayes sont également une spécialité locale.

En somme, la Jamaïque est une destination de vacances incroyable pour découvrir une culture vibrante, des paysages naturels spectaculaires, une cuisine exotique et une musique captivante.

J'espère que cette description te donnera envie de visiter la Jamaïque un jour.

Amicalement,

Ton ami de Jamaïque.

Cher ami,

Je suis ravi de partager avec toi la richesse culturelle, artistique et touristique du Koweït, un petit pays du Moyen-Orient qui regorge de merveilles.

Le Koweït est un pays riche en histoire, avec des sites antiques tels que Failaka Island, une île où les Grecs ont établi une colonie il y a plus de 2 500 ans. La ville de Kuwait City est également un lieu de grande importance historique, avec des bâtiments tels que le Musée national du Koweït et la mosquée Al-Mubarakiya.

La culture koweïtienne est également très riche et diversifiée, avec une scène artistique dynamique et une cuisine délicieuse. Les arts traditionnels comprennent la danse Al-Samri, le chant Al-Sout et le théâtre Al-Azi, tous pratiqués depuis des siècles. La cuisine koweïtienne est influencée par les saveurs de la région, avec des plats tels que le machboos (riz épicé aux viandes et aux légumes) et le khubz (pain plat cuit au four).

Les voyageurs peuvent également profiter des nombreuses merveilles naturelles du Koweït, comme le parc national de l'île de Boubyan, un endroit paisible pour faire de la randonnée et observer la faune locale. Le bord de mer de Koweït City est également un lieu de beauté naturelle, avec une promenade en bord de mer populaire pour les promenades nocturnes.

Le Koweït est également connu pour sa générosité envers les visiteurs, avec une population accueillante et chaleureuse qui se fait un plaisir d'accueillir les voyageurs. Les souks colorés de la ville sont un endroit idéal pour faire des achats locaux, avec des marchands vendant des épices, des tissus et des objets d'artisanat.

En somme, le Koweït est un pays avec une richesse culturelle, artistique et touristique incroyable. Je te recommande vivement de visiter ce pays pour découvrir toutes ses merveilles.

Cordialement,

Ton ami du Koweït

Cher ami,

Je suis heureux de partager avec toi la richesse culturelle, artistique et touristique du Luxembourg, un petit pays situé au cœur de l'Europe.

La ville de Luxembourg, capitale du pays, est un lieu incontournable pour les amateurs de culture. Elle est classée au patrimoine mondial de l'UNESCO et offre de nombreux musées, tels que le Musée national d'histoire et d'art, le Musée d'histoire de la ville de Luxembourg, ainsi que le Mudam, le Musée d'art moderne Grand-Duc Jean.

Le Luxembourg est également un pays multilingue, avec trois langues officielles : le français, l'allemand et le luxembourgeois. Cela se reflète dans la diversité de la musique, de la danse et des festivals, qui sont célébrés tout au long de l'année.

La cuisine luxembourgeoise est également riche en saveurs, avec des plats tels que la judd mat gaardebounen (poitrine de porc fumée avec des haricots), le kachkéis (fromage fondu) et le Bouneschlupp (soupe de haricots verts).

Pour les amateurs de nature, le Luxembourg est un pays de choix avec ses nombreux sentiers de randonnée et de pistes cyclables, ainsi que ses nombreuses forêts et lacs, tels que la forêt d'Echternach et le lac de la Haute-Sûre.

Le Luxembourg est également un pays avec une forte économie et une grande diversité culturelle. Les villes de Luxembourg, Esch-sur-Alzette et Dudelange sont des centres culturels et artistiques de premier plan, avec des festivals de musique et de théâtre, des galeries d'art, des espaces d'exposition et des salles de concert.

En somme, le Luxembourg est un pays aux multiples facettes, avec une richesse culturelle, artistique et touristique incroyable. Je te recommande vivement de visiter ce pays pour découvrir toutes ses merveilles.

Cordialement,

Ton ami de Luxembourg.

Cher ami,

Le Vatican est un État souverain situé à l'intérieur de la ville de Rome en Italie, et bien qu'il soit le plus petit État du monde, il regorge d'une richesse culturelle, artistique et touristique incroyable. Le Vatican est surtout connu pour être le siège de l'Église catholique romaine et de son chef, le pape, mais il y a tellement plus à découvrir dans ce petit pays.

Le Vatican est doté d'un patrimoine artistique et architectural remarquable, notamment avec la basilique Saint-Pierre et ses célèbres fresques et sculptures, le musée du Vatican qui abrite une collection extraordinaire d'œuvres d'art et d'objets précieux, et la chapelle Sixtine, où vous pouvez admirer les célèbres fresques de Michel-Ange.

Le Vatican possède également une riche histoire et culture, avec de nombreux événements religieux et cérémonies qui ont lieu tout au long de l'année, notamment le Carême et la Semaine Sainte. Les traditions et coutumes du Vatican sont également très intéressantes à découvrir, notamment l'uniforme traditionnel des gardes suisses qui protègent la cité papale.

Le Vatican est également un lieu touristique très populaire, avec des milliers de visiteurs qui viennent chaque année pour découvrir la richesse de sa culture et de son patrimoine. De plus, le Vatican est situé à proximité de Rome, une ville qui regorge d'histoire et de monuments célèbres tels que le Colisée, le Panthéon et la fontaine de Trevi.

En somme, le Vatican est un petit pays avec une richesse culturelle, artistique et touristique incroyable. Si vous êtes intéressé par l'art, l'histoire et la religion, c'est une destination à ne pas manquer.

Bien à toi,

Ton frère du Le Vatican.

Cher ami,

Je suis heureux de t'écrire pour te parler du Liban, un pays avec une riche histoire et culture situé au Moyen-Orient. Le Liban est connu pour son patrimoine culturel, artistique et culinaire. Les monuments historiques témoignent de la présence de plusieurs civilisations qui ont influencé la culture du pays.

Le pays est également connu pour son architecture unique, mélangeant les styles orientaux et occidentaux. Les villes de Beyrouth, Byblos, et Tripoli sont des exemples de cette diversité architecturale. Le Liban est également un lieu de naissance de plusieurs artistes, écrivains, et musiciens qui ont contribué à la culture mondiale.

La cuisine libanaise est également très populaire dans le monde entier, et est connue pour ses mezzes, ses plats de viande grillée, ses poissons frais, ses desserts, et ses boissons, tels que le vin et l'arak.

Le pays est également connu pour ses belles plages, ses montagnes, et ses stations de ski. Les Grottes de Jeita, classées comme l'une des sept merveilles du monde, attirent des visiteurs du monde entier. Les stations balnéaires telles que Jounieh, Batroun, et Byblos attirent également les touristes.

Enfin, le Liban est également connu pour sa vie nocturne animée et sa scène artistique. Les bars, les clubs, les théâtres, et les festivals attirent de nombreux visiteurs chaque année.

En somme, le Liban est un pays qui offre une riche expérience culturelle, artistique, culinaire, et touristique. J'espère que tu auras l'occasion de le visiter bientôt et de découvrir tout ce qu'il a à offrir.

Cordialement,

Ton ami du Liban.

Cher ami,

Je suis heureux de t'écrire pour te parler de la richesse culturelle, artistique et touristique du petit pays de Liechtenstein. Bien que le pays soit petit, il y a beaucoup à voir et à découvrir ici.

En termes de patrimoine culturel, le château de Vaduz est un must-see. Situé sur une colline surplombant la ville de Vaduz, il a été construit au XIIe siècle et abrite aujourd'hui la famille royale du Liechtenstein. Il y a aussi de nombreux musées, notamment le Musée national, qui abrite une collection d'art et d'artefacts liés à l'histoire de la Principauté, ainsi que le Musée d'art moderne et contemporain, qui présente des œuvres d'artistes internationaux.

Le pays est également célèbre pour ses festivals annuels, notamment le Festival de musique de Schubertiade, qui attire des musiciens et des fans de musique classique du monde entier. Les festivals de danse et de théâtre sont également très populaires ici.

En termes de nature, les Alpes de Liechtenstein offrent des vues à couper le souffle et sont populaires pour la randonnée et le ski. Il y a aussi le parc naturel du Liechtenstein, qui abrite une grande variété de flore et de faune, ainsi que de nombreux sentiers de randonnée.

Le pays est également connu pour ses produits artisanaux, notamment les vins et les fromages. Les visiteurs peuvent déguster ces produits locaux lors de visites de vignobles et de fermes.

Enfin, la capitale, Vaduz, est une ville charmante avec une architecture traditionnelle et moderne, ainsi que de nombreux magasins et restaurants.

En résumé, le Liechtenstein est un petit pays avec une grande richesse culturelle, artistique et touristique. Je suis sûr que tu seras enchanté de visiter ce pays et d'en découvrir toutes les merveilles.

Amicalement,

Ton ami de Liechtenstein.

Cher ami,

Je suis heureux de te parler de la richesse culturelle, artistique et touristique du Malawi, un pays situé en Afrique australe. Le Malawi est réputé pour ses paysages naturels variés et ses magnifiques lacs, notamment le lac Malawi qui est le troisième plus grand lac d'Afrique et qui abrite une grande variété de poissons exotiques.

Le pays est également connu pour sa culture vivante et riche, avec une musique traditionnelle vibrante et des danses colorées, comme le Gule Wamkulu, une danse masquée pratiquée par les peuples Chewa. Les sculptures en bois et en pierre sont également une forme d'art populaire dans le pays, et les artisans locaux sont reconnus pour leur travail minutieux.

Le Malawi compte également plusieurs sites touristiques tels que les montagnes de Mulanje, qui offrent des vues panoramiques spectaculaires, les parcs nationaux tels que le parc national de Liwonde, où l'on peut observer des animaux sauvages tels que les éléphants, les buffles et les hippopotames. La ville de Zomba est également une destination touristique populaire avec ses bâtiments historiques, ses jardins botaniques et ses musées.

En outre, le Malawi est également riche en histoire, avec des sites historiques tels que le musée national du Malawi qui offre une vue sur l'histoire culturelle et naturelle du pays, et la ville de Nkhotakota qui était un important centre de commerce d'esclaves au 19ème siècle.

En résumé, le Malawi est un pays avec une culture vibrante, des paysages naturels époustouflants, une riche histoire et de nombreux sites touristiques à découvrir. Si tu as l'occasion de visiter le Malawi, je t'encourage vivement à le faire pour découvrir toutes ces merveilles par toi-même.

Cordialement,

Ton ami de Malawi.

Cher ami,

Je suis ravi de t'écrire cette lettre pour te parler de la richesse culturelle, artistique et touristique de Malte. Malte est une île située au cœur de la Méditerranée, qui offre une grande variété de paysages et d'activités.

Malte possède une riche histoire et une culture diversifiée, reflétée dans ses sites archéologiques, ses églises baroques et ses temples mégalithiques. La ville de La Valette, capitale de Malte, est un joyau culturel avec ses fortifications, ses rues pavées, ses places et ses palais. Il y a également des sites archéologiques préhistoriques fascinants, notamment les temples de Ggantija sur l'île de Gozo, datant de plus de 5000 ans.

En ce qui concerne l'art, Malte a une scène artistique vibrante, avec de nombreux musées, galeries d'art et événements culturels tout au long de l'année. La cathédrale Saint-Jean, à La Valette, abrite également une collection d'œuvres d'art religieux.

Malte est également un endroit idéal pour les amateurs de plage et de sports nautiques, avec ses plages de sable doré, ses criques cachées et ses eaux cristallines. Les îles de Malte et de Gozo offrent également des paysages ruraux idylliques, avec des villages traditionnels en pierre, des champs de vignes et des vergers d'agrumes.

Enfin, Malte est réputée pour sa cuisine, qui allie des influences italiennes, arabes et britanniques. Les fruits de mer frais, les plats à base de légumes, les pâtisseries et les vins locaux sont particulièrement appréciés.

En somme, Malte offre une expérience unique, alliant histoire, culture, art, nature, cuisine et détente. J'espère que cette lettre t'a donné envie de découvrir cette île magnifique par toi-même.

Cordialement,

Ton ami de Malte.

Cher ami,

Je suis ravi de t'écrire pour te parler de la richesse culturelle, artistique et touristique du Maroc, un pays qui regorge de merveilles à découvrir.

Tout d'abord, le Maroc est célèbre pour sa cuisine savoureuse, qui mélange des influences berbères, arabes et européennes. Tu pourras y déguster des plats tels que le couscous, le tajine, la pastilla ou encore les délicieux thés à la menthe.

Le pays est également connu pour son artisanat, avec des souks colorés remplis de tapis, de poteries, de bijoux et de vêtements traditionnels.

Le Maroc est également riche en histoire et en patrimoine. Les villes impériales de Fès, Marrakech, Meknès et Rabat sont des joyaux architecturaux, avec des mosquées, des palais et des jardins magnifiques.

Le pays possède également de superbes plages le long de la côte atlantique et de la Méditerranée, ainsi que des paysages naturels à couper le souffle, comme les montagnes de l'Atlas et le désert du Sahara.

Les festivals sont également une grande partie de la culture marocaine, avec des événements tels que le Festival du Film de Marrakech, le Festival Gnaoua et Musiques du Monde d'Essaouira et le Festival National des Arts Populaires de Fès.

Le Maroc est également le pays de l'art et de l'expression, avec des musées et des galeries d'art modernes et traditionnels, ainsi que des festivals de musique et de danse.

Enfin, le Maroc est un pays où l'hospitalité et la générosité sont des valeurs importantes, et où les visiteurs sont toujours accueillis avec chaleur et amitié.

Je t'encourage vivement à découvrir la richesse culturelle, artistique et touristique du Maroc par toi-même en visitant ce magnifique pays.

Cordialement,

Ton ami du Maroc

Cher ami,

Je suis ravi de te parler de la richesse culturelle, artistique et touristique du Mali, un pays magnifique en Afrique de l'Ouest. Le Mali est un pays connu pour son histoire riche et sa culture diversifiée.

Le Mali est célèbre pour sa musique traditionnelle, avec des genres tels que le blues du désert, le griot et le Wassoulou. Des artistes tels que Salif Keita et Amadou et Mariam sont connus dans le monde entier pour leur musique unique et captivante. En plus de la musique, la danse est également une partie importante de la culture malienne, avec des danses telles que la danse du masque et la danse des femmes.

Le Mali possède également un riche patrimoine culturel, notamment les mosquées historiques de Djenné et de Tombouctou, toutes deux inscrites au patrimoine mondial de l'UNESCO. Le pays est également célèbre pour son artisanat, avec des artisans talentueux qui produisent des objets d'art en bois, en cuir et en textile.

En termes de tourisme, le Mali offre des expériences uniques, notamment des randonnées à travers le désert du Sahara, des visites de villages traditionnels et des safaris dans les réserves naturelles pour observer la faune africaine. Le parc national de la Boucle du Baoulé est également un site populaire pour les touristes, avec sa diversité d'animaux et de paysages naturels.

Le Mali est également un pays connu pour sa cuisine délicieuse, avec des plats tels que le riz au poisson, le tô et la viande de bœuf grillée. Les plats sont souvent accompagnés de la boisson traditionnelle, le thé à la menthe.

Enfin, la culture malienne est également marquée par sa forte tradition de la poésie, qui remonte à plusieurs siècles. Les poètes et les griots sont des personnages importants de la culture malienne, racontant des histoires et des légendes à travers leurs poèmes et leurs chants.

En somme, le Mali est un pays magnifique et culturellement riche qui offre des expériences uniques pour les visiteurs. Que tu sois intéressé par la musique, l'artisanat, la nature ou la cuisine, tu trouveras certainement quelque chose qui te captivera dans ce pays fascinant.

Amicalement,

Ton ami de Mali.

Cher ami,

Je suis ravi de t'écrire aujourd'hui pour te parler de la richesse culturelle, artistique et touristique de la Malaisie. Situé en Asie du Sud-Est, ce pays est connu pour sa diversité culturelle, sa cuisine exquise et ses magnifiques plages.

La Malaisie est un melting-pot culturel, avec une population composée de Malais, de Chinois, d'Indiens et d'autochtones. Cette diversité se reflète dans l'architecture, l'art, la musique et la danse du pays. Les villes historiques de Malacca et George Town sont classées au patrimoine mondial de l'UNESCO, témoignant de l'histoire riche et complexe du pays.

L'art et l'artisanat traditionnels sont également très présents en Malaisie. Les tissus batik, les bijoux en argent et les sculptures en bois sont des exemples d'objets artisanaux traditionnels que l'on peut trouver dans les marchés locaux.

Côté tourisme, la Malaisie est célèbre pour ses plages immaculées et ses eaux turquoise. Les îles de Langkawi et de Tioman sont des destinations prisées pour les amateurs de plongée et de snorkeling. Les montagnes de Cameron Highlands sont un lieu de prédilection pour les randonneurs et les amateurs de nature. Et pour les plus aventureux, il y a la jungle dense de Taman Negara, où l'on peut faire de la randonnée, du camping et de l'observation de la faune.

Enfin, la Malaisie est également réputée pour sa cuisine délicieuse. Le Nasi Lemak, le Laksa, le Roti Canai et le Satay ne sont que quelques-uns des plats les plus célèbres du pays. Les marchés nocturnes et les restaurants locaux sont des endroits parfaits pour découvrir la gastronomie malaisienne.

En somme, la Malaisie est un pays riche en culture, en art et en nature, avec une cuisine délicieuse et une hospitalité chaleureuse. J'espère que cette lettre te donne envie de visiter ce magnifique pays !

Cordialement,

Ton ami de Malaisie

Cher ami,

Je suis ravi de te parler du Mexique, un pays riche en culture, en histoire et en attractions touristiques. Le Mexique est connu pour sa cuisine savoureuse, ses sites archéologiques, ses plages de sable blanc et ses traditions vibrantes.

Le Mexique abrite une grande variété de cultures indigènes, chacune avec ses propres traditions et langues. Les Aztèques et les Mayas sont deux des cultures les plus célèbres, et leurs ruines peuvent être visitées dans tout le pays. La ville de Mexico est un centre culturel important, avec de nombreux musées, galeries d'art et festivals de musique.

La cuisine mexicaine est célèbre dans le monde entier pour sa variété et ses saveurs. Des tacos aux enchiladas, des tamales aux chiles rellenos, la cuisine mexicaine est riche en épices et en ingrédients frais.

Les plages de Cancún et de la Riviera Maya attirent des millions de touristes chaque année avec leurs eaux cristallines et leurs plages de sable blanc. Les villes coloniales comme Oaxaca, San Miguel de Allende et Guanajuato offrent des vues pittoresques et des festivals culturels.

En outre, le Mexique est un pays de sport, la lucha libre (catch mexicain) est une attraction incontournable pour les visiteurs. Le pays est également célèbre pour son tequila, son mezcal et sa bière.

Enfin, la culture mexicaine est célébrée dans le monde entier lors du Dia de los Muertos (Jour des morts), une fête colorée qui a lieu chaque année en novembre. La célébration est marquée par des parades, des costumes et des autels dédiés aux morts.

En somme, le Mexique est un pays vibrant et diversifié, offrant aux visiteurs une expérience inoubliable. J'espère que tu pourras bientôt visiter ce pays fascinant et découvrir toute sa richesse culturelle, artistique et touristique.

A bientôt !

Ton ami de Mexique.

Cher ami,

Je suis ravi de te parler de la richesse culturelle, artistique et touristique du Népal. Ce pays est situé dans l'Himalaya et possède une grande variété de paysages, allant des montagnes enneigées aux jungles tropicales. Voici quelques-unes des choses qui rendent le Népal unique.

Le Népal est le lieu de naissance de Bouddha, et le pays compte de nombreux sites bouddhistes et hindous importants.

Les trekkeurs viennent de partout dans le monde pour explorer les sentiers de randonnée de l'Himalaya, y compris le célèbre circuit de l'Annapurna.

Le Népal est également connu pour sa cuisine délicieuse et épicée, y compris les momos (sorte de raviolis) et le dal bhat (plat à base de riz et de lentilles).

La culture traditionnelle népalaise est riche en musique, danse et théâtre. Les festivals comme le Dashain et le Tihar sont célébrés avec ferveur.

Les villes historiques de Katmandou et Bhaktapur sont inscrites au patrimoine mondial de l'UNESCO et regorgent de temples et de palais anciens.

Les parcs nationaux du Népal abritent une grande variété de faune, y compris des tigres, des léopards, des rhinocéros et des éléphants d'Asie.

Le rafting, le kayak et le canyoning sont populaires sur les rivières du Népal, qui descendent des montagnes en cascades spectaculaires.

Le Népal possède également une riche tradition artisanale, notamment la sculpture sur bois, la poterie, le tissage et la broderie.

Les gens du Népal sont connus pour leur hospitalité et leur gentillesse envers les étrangers.

Enfin, les vues sur les montagnes de l'Himalaya, y compris l'Everest, sont à couper le souffle et attirent des visiteurs du monde entier.

Voilà donc quelques-unes des nombreuses raisons pour lesquelles le Népal est un pays incroyablement fascinant à visiter. J'espère que cela te donnera envie de découvrir ce merveilleux pays par toi-même.

Amicalement,

Ton ami du Népal.

Cher ami,

Je suis ravi de t'écrire pour te parler de la richesse culturelle, artistique et touristique du Nigeria. Le pays est le plus peuplé d'Afrique et abrite une grande variété de cultures, de langues et de traditions.

Le Nigeria est connu pour ses festivals et célébrations, comme le Carnaval de Calabar, le plus grand festival de rue d'Afrique de l'Ouest, qui attire des visiteurs du monde entier. Le pays abrite également de nombreux musées, tels que le Musée national du Nigeria à Lagos, qui présente une riche collection d'artefacts culturels et historiques.

Le Nigeria est également célèbre pour sa musique, notamment le genre afrobeat, popularisé par le légendaire chanteur Fela Kuti. La musique traditionnelle nigériane est également très diversifiée, allant de la juju music au highlife en passant par le fuji.

Les monuments historiques ne manquent pas au Nigeria, tels que la ville médiévale de Kano, qui a survécu à de nombreuses invasions au fil des siècles, ou encore les ruines de Nok, qui abritent des sculptures en terre cuite vieilles de plus de 2 000 ans.

Le Nigeria est également réputé pour sa cuisine, qui reflète les diverses cultures du pays. Le plat national est le jollof rice, un plat de riz épicé et coloré. Les soupes et les ragoûts sont également très populaires, tout comme les plats à base de poisson et de viande.

Enfin, le Nigeria possède également de magnifiques plages et parcs nationaux, tels que le parc national de Yankari, qui abrite une grande variété d'animaux sauvages, notamment des éléphants, des lions et des hippopotames.

En somme, le Nigeria est un pays riche en culture, en histoire et en nature, offrant une expérience touristique unique et mémorable. J'espère que tu auras l'occasion de le découvrir par toi-même un jour.

Bien amicalement,

Ton ami de Nigeria.

Cher ami,

Je suis ravi de t'écrire pour te parler de la richesse culturelle, artistique et touristique de l'Ouganda. Le pays est situé en Afrique de l'Est et est connu pour ses vastes paysages de savane, ses parcs nationaux abritant une faune abondante et diversifiée et ses rivières sinueuses.

L'Ouganda possède une histoire et une culture riches qui remontent à plus de 2000 ans. Les royaumes traditionnels, comme le royaume de Buganda, ont joué un rôle important dans la culture ougandaise, et leurs coutumes et traditions sont toujours célébrées aujourd'hui. Les danses traditionnelles comme le Kadodi, le Bakisimba et le Larakaraka sont des exemples de la richesse culturelle de l'Ouganda.

En plus de cela, l'Ouganda possède également une riche histoire coloniale et postcoloniale qui a influencé sa culture contemporaine. Les musées et sites historiques comme le Palais de Kabaka, la tombe de Kasubi et le musée national de l'Ouganda permettent aux visiteurs d'en apprendre davantage sur cette histoire.

La musique est également un aspect important de la culture ougandaise, avec des genres comme le Kadongo Kamu et le Pop Lugaflow étant populaires dans le pays. De nombreux artistes ougandais, tels que Eddy Kenzo et Bebe Cool, ont également acquis une renommée internationale.

En ce qui concerne le tourisme, l'Ouganda est surtout connu pour ses parcs nationaux, tels que le parc national de Murchison Falls, le parc national de la Reine Elizabeth et le parc national de Bwindi Impenetrable, qui abritent une grande variété d'animaux tels que les gorilles de montagne, les éléphants, les lions, les léopards et les buffles. Le tourisme religieux est également populaire en Ouganda, avec des sites comme le sanctuaire de Namugongo, où les martyrs ougandais ont été exécutés pour leur foi chrétienne en 1886.

Enfin, la nourriture ougandaise est également un aspect important de la culture du pays, avec des plats traditionnels tels que le matoke, le posho et le rolex. Les marchés locaux offrent également une variété de fruits et légumes frais et colorés qui ajoutent à la richesse culinaire de l'Ouganda.

En somme, l'Ouganda a beaucoup à offrir en termes de richesse culturelle, artistique et touristique. J'espère que tu pourras visiter un jour ce beau pays et découvrir tout ce qu'il a à offrir.

Amicalement,

Ton ami de Ouganda.

Cher ami,

Je suis heureux de t'écrire pour te parler de la richesse culturelle, artistique et touristique du Paraguay. Ce pays situé au cœur de l'Amérique du Sud est un endroit magnifique, qui mérite d'être visité.

Au niveau culturel, le Paraguay est connu pour sa musique et ses danses traditionnelles. La musique folklorique paraguayenne est très rythmée et utilisant des instruments comme la guitare, le harpe et le violon. Les danses traditionnelles sont également très populaires, notamment la polka paraguayenne.

Le pays regorge également d'artisans talentueux qui créent des produits artisanaux uniques et magnifiques. Les arts populaires du Paraguay incluent la dentelle ñanduti, la poterie et la sculpture de bois.

Sur le plan touristique, le Paraguay est connu pour sa beauté naturelle, avec des paysages magnifiques tels que le parc national Cerro Corá, le parc national de Ybycuí et les chutes d'Iguazu, qui se trouvent en partie sur le territoire paraguayen.

Le pays possède également une riche histoire coloniale et précolombienne, avec de nombreux sites historiques et archéologiques à découvrir. Asuncion, la capitale, est une ville fascinante avec une architecture coloniale remarquable et de nombreux musées.

Enfin, le Paraguay est également célèbre pour ses festivals, notamment le Carnaval d'Encarnación, qui est l'un des plus grands carnavals du continent sud-américain, et le Festival national de la Terere, qui célèbre la boisson traditionnelle paraguayenne du même nom.

En somme, le Paraguay est un pays qui a beaucoup à offrir, tant en termes de culture, d'art, d'histoire que de tourisme. J'espère que cela te donnera envie de le découvrir par toi-même !

Bien à toi,

Ton ami du Paraguay.

Cher ami,

Je suis heureux de t'écrire pour te parler de la richesse culturelle, artistique et touristique des Pays-Bas. Le pays est célèbre pour ses canaux, ses moulins à vent, ses tulipes et ses fromages, mais il y a bien plus à découvrir !

La ville d'Amsterdam est sans doute l'endroit le plus connu aux Pays-Bas, avec ses nombreux musées, notamment le célèbre Rijksmuseum, le musée Van Gogh et le musée Anne Frank. Le quartier historique de Jordaan est également un lieu incontournable pour les amateurs de culture et d'art.

Le pays abrite également des villes historiques telles que Rotterdam, Utrecht, Delft et La Haye, chacune offrant sa propre richesse culturelle et artistique.

Les Pays-Bas ont également une longue tradition artistique, avec des peintres tels que Rembrandt, Vermeer et Van Gogh. Les œuvres de ces artistes et d'autres sont exposées dans les musées du pays, mais on peut également les voir dans des galeries d'art et des maisons-musées.

La cuisine néerlandaise est également intéressante, avec des plats tels que les harengs saurs, les kroketten (croquettes) et les stroopwafels (gaufres au sirop).

Le pays est également connu pour ses événements tels que la fête de la Reine (Koningsdag) célébrée chaque année le 27 avril, le Carnaval de Maastricht et le Festival de Rotterdam.

Enfin, les Pays-Bas sont également connus pour leur amour de la nature et des activités de plein air. Le parc national Hoge Veluwe offre de magnifiques paysages, tandis que les plages du Nord offrent de nombreuses activités nautiques et des sports de plage.

En somme, les Pays-Bas sont un pays avec une riche histoire et une culture passionnante, une cuisine savoureuse, des villes pittoresques et des paysages naturels à couper le souffle. Je suis sûr que tu adoreras visiter ce pays.

Cordialement,

Ton ami du Pays Bas.

Cher ami,

Je suis ravi de t'écrire pour te parler de la richesse culturelle, artistique et touristique du Portugal. Ce pays est une destination de choix pour les amoureux de l'histoire, de la culture, de la gastronomie et des paysages naturels époustouflants.

Le Portugal est célèbre pour son architecture de style baroque et gothique, visible dans les nombreux édifices religieux, tels que les cathédrales et les monastères. La ville de Porto, située au nord du pays, est célèbre pour ses bâtiments en azulejos, ces carreaux de céramique décoratifs, qui ornent les façades des maisons et des églises.

Le Portugal est également le pays de nombreux artistes de renom, notamment le poète Fernando Pessoa et l'écrivain José Saramago, lauréat du prix Nobel de littérature en 1998. Le pays est également célèbre pour son artisanat traditionnel, comme la dentelle de Madère ou les céramiques de Coimbra.

La cuisine portugaise est riche et variée, avec des plats tels que la morue (bacalhau), les sardines grillées, le cozido, une sorte de pot-au-feu, et le fameux Pastel de nata, une tartelette à la crème.

Le Portugal est également célèbre pour ses vins, en particulier le porto et le vinho verde, un vin frais et pétillant qui accompagne parfaitement les fruits de mer et les poissons.

Le pays est également réputé pour ses fêtes populaires, notamment la Fête de Saint-Antoine à Lisbonne, où les rues sont décorées et animées par des danseurs et des musiciens en tenue traditionnelle.

Enfin, le Portugal offre des paysages naturels magnifiques, avec des plages de sable doré le long de la côte de l'Algarve, des montagnes majestueuses au nord et des vignobles pittoresques dans la région du Douro.

En somme, le Portugal est un pays riche en histoire, en culture, en gastronomie et en paysages naturels à couper le souffle. Je suis certain que tu apprécieras la beauté de ce pays si tu y voyages.

Cordialement,

Ton ami du Portugal.

Cher ami,

Je suis ravi de te parler de la Pologne, un pays riche en histoire, culture et tradition. La Pologne a une variété de sites touristiques à offrir, des villes médiévales pittoresques aux belles montagnes et aux lacs. Voici une liste de vingt éléments qui, je l'espère, te donneront un aperçu de la richesse culturelle, artistique et touristique de la Pologne.

Varsovie, la capitale de la Pologne, est une ville animée et dynamique qui est un excellent point de départ pour explorer le pays.

La vieille ville de Cracovie, qui est classée au patrimoine mondial de l'UNESCO, est l'une des villes médiévales les mieux préservées d'Europe.

La mine de sel de Wieliczka est une attraction touristique populaire où tu pourras explorer un réseau de tunnels et de chambres taillés dans la roche.

Le château de Malbork est le plus grand château gothique en brique du monde et a été construit au XIIIe siècle.

La forteresse de Jasna Góra abrite la célèbre icône de la Vierge Noire de Częstochowa et est un lieu de pèlerinage important pour les catholiques polonais.

Le parc national de Bieszczady est une région montagneuse spectaculaire située dans le sud-est de la Pologne.

Les montagnes de Tatras sont un terrain de jeu pour les randonneurs et les skieurs.

Les lacs de Mazurie, également connus sous le nom de « Pays des milles lacs », offrent une beauté naturelle spectaculaire.

La cuisine polonaise est riche et délicieuse, avec des plats tels que les pierogi, les saucisses, le bigos et le célèbre gâteau au fromage polonais, le sernik.

La vodka polonaise est célèbre dans le monde entier, et tu ne peux pas visiter la Pologne sans essayer quelques-unes de ses marques les plus célèbres.

Les festivals culturels polonais, comme le festival de théâtre de Varsovie et le festival de jazz de Cracovie, sont des événements annuels importants.

La peinture polonaise est célèbre pour son réalisme et son symbolisme, avec des artistes comme Jan Matejko, Jacek Malczewski et Zdzisław Beksiński.

La musique polonaise est riche et diversifiée, allant de la musique folklorique traditionnelle à la musique classique de Frédéric Chopin et Witold Lutosławski.

La Pologne a une longue histoire de la science et de la philosophie, avec des philosophes célèbres tels que Copernic, Nicolaus, Stanisław Lem et Tadeusz Kotarbiński.

Ton ami de Pologne.

Cher ami,

Je suis heureux de t'écrire aujourd'hui pour te parler des richesses culturelles, artistiques et touristiques des Philippines. Ce pays est un véritable joyau situé en Asie du Sud-Est et est connu pour sa beauté naturelle, sa diversité culturelle et sa riche histoire.

En visitant les Philippines, tu pourras découvrir une grande variété de sites touristiques, notamment les magnifiques plages de sable blanc de Boracay, El Nido, et Palawan. Tu pourras également explorer les magnifiques rizières en terrasse de Banaue, qui sont classées au patrimoine mondial de l'UNESCO. Le pays possède également de magnifiques réserves naturelles, comme le parc national de Tubbataha Reef et le parc national de Puerto Princesa.

Les Philippines ont également une riche histoire et une culture vibrante qui peuvent être explorées dans les nombreux sites historiques, musées et festivals. Tu pourras visiter les ruines des églises baroques espagnoles à Vigan, explorer la vieille ville de Manille, visiter le Musée national d'anthropologie et découvrir la culture des tribus indigènes dans la Cordillère. Les festivals comme le Sinulog à Cebu et le festival Ati-Atihan à Aklan offrent également un aperçu de la riche culture et de la tradition philippine.

Enfin, les Philippines sont également connues pour leur cuisine délicieuse et variée. Tu pourras goûter aux plats traditionnels tels que l'adobo, le sinigang, le lechon, et bien plus encore. Les fruits tropicaux frais et les fruits de mer frais sont également très populaires dans tout le pays.

En résumé, les Philippines sont un pays magnifique et riche en histoire, culture et beauté naturelle. Si tu as l'occasion de visiter ce pays merveilleux, n'hésite pas un instant !

A bientôt,

Ton ami de Philippines.

Cher ami,

J'espère que cette lettre te trouvera en bonne santé. Je voulais te parler de mon récent voyage au Qatar et te décrire la richesse culturelle, artistique et touristique de ce pays en 20 lignes.

Tout d'abord, le Qatar est un pays situé au Moyen-Orient, connu pour sa modernité et sa richesse. Le pays est un melting-pot culturel, où se côtoient des traditions arabes, persanes et indiennes. La ville de Doha est le centre névralgique de la culture et de l'art au Qatar, avec de nombreux musées, galeries d'art et événements artistiques.

Le Musée d'art islamique de Doha est l'un des plus grands et des plus impressionnants du monde. Il abrite une collection de plus de 14 siècles d'art islamique, avec des objets provenant de tout le monde musulman. Le Musée national du Qatar est également un incontournable, avec son architecture futuriste et sa collection d'artefacts historiques et culturels du Qatar.

La cuisine qatarie est également à découvrir, avec des plats savoureux et épicés à base de viande, de poisson et de riz. Les marchés locaux sont remplis d'épices, de fruits et de légumes frais, ainsi que de produits artisanaux fabriqués par les habitants.

Le Qatar est également un pays sportif, avec de nombreux événements sportifs organisés chaque année, notamment le célèbre Tournoi de tennis de Doha. Le pays accueille également le Grand Prix de Formule 1 chaque année.

Le désert du Qatar est également un endroit à ne pas manquer, avec ses dunes de sable spectaculaires et ses paysages à couper le souffle. Les touristes peuvent faire du sandboarding, de la randonnée et même des safaris dans le désert.

Enfin, le Qatar est également un centre de luxe, avec de nombreux centres commerciaux et boutiques de marques internationales. Les centres commerciaux comme le Mall of Qatar et le Villaggio Mall sont immenses, avec des cinémas, des restaurants et des boutiques de renom.

En somme, le Qatar est un pays fascinant et diversifié, avec beaucoup à découvrir pour les voyageurs en quête d'aventure culturelle et de luxe. J'espère que ma description t'aura donné envie de découvrir ce magnifique pays.

A bientôt,

Ton ami de Qatar.

Cher ami,

Je suis ravi de t'écrire pour te parler de la richesse culturelle, artistique et touristique de la Russie. Avec une superficie de plus de 17 millions de km², c'est le plus grand pays du monde et possède une histoire et une culture très riches.

La Russie est connue pour ses magnifiques palais, cathédrales, musées et ses ballets de renommée mondiale. Le célèbre théâtre du Bolchoï à Moscou est un exemple de l'importance de l'art et de la culture dans ce pays.

En termes de tourisme, la Russie offre de nombreux sites incroyables à explorer. Le Kremlin et la place Rouge à Moscou, la cathédrale Saint-Basile-le-Bienheureux, la ville historique de Saint-Pétersbourg, la cathédrale Saint-Isaac, le musée de l'Ermitage, sont quelques-unes des destinations les plus populaires.

Le pays est également connu pour ses vastes espaces naturels, avec de vastes étendues de forêts, de montagnes, de lacs et de rivières. Les montagnes de l'Oural et le lac Baïkal sont des exemples de sites naturels incroyables.

La Russie est également fière de son héritage littéraire, avec des auteurs comme Tolstoï, Dostoïevski et Tchekhov ayant laissé leur empreinte dans l'histoire de la littérature.

Enfin, la gastronomie russe est également une expérience unique en son genre. Les plats traditionnels comme le bortsch, les pirojki, les blinis et le caviar sont des incontournables de la cuisine russe.

En somme, la Russie est un pays avec une richesse culturelle, artistique et touristique immense et diversifiée. Si tu as la chance de visiter la Russie, je suis sûr que tu ne seras pas déçu.

Amicalement,

Ton ami de Russie.

Cher ami,

J'espère que cette lettre te trouvera en bonne santé. Je voulais te parler de mon récent voyage en Roumanie et te décrire la richesse culturelle, artistique et touristique de ce pays en 20 lignes.

Tout d'abord, la Roumanie est un pays situé en Europe de l'Est, connu pour son histoire riche et sa beauté naturelle. La ville de Bucarest est le centre névralgique de la culture et de l'art en Roumanie, avec de nombreux musées, galeries d'art et événements artistiques.

Le Palais du Parlement, situé à Bucarest, est l'un des plus grands bâtiments administratifs du monde et vaut le détour. La vieille ville de Bucarest est également un incontournable, avec ses rues pavées, ses bâtiments colorés et ses nombreux bars et restaurants.

La Roumanie est également connue pour ses châteaux médiévaux, tels que le château de Bran, communément appelé le château de Dracula, situé dans les montagnes des Carpates. Le château de Peles, situé à Sinaia, est également un joyau de l'architecture néo-renaissance et vaut le détour.

La cuisine roumaine est également à découvrir, avec des plats copieux et savoureux tels que le mici, un type de saucisse de viande grillée, ou la sarmale, des feuilles de chou farcies avec de la viande hachée et du riz. Les marchés locaux sont remplis de produits artisanaux, tels que du fromage et des saucisses faites maison, ainsi que des fruits et légumes frais.

La Roumanie est également un pays propice à l'écotourisme, avec des paysages naturels spectaculaires tels que les gorges du Danube et les montagnes des Carpates. Les touristes peuvent faire de la randonnée, du vélo et même du ski dans les montagnes en hiver.

Enfin, la Roumanie est également un centre de folklore et de traditions, avec de nombreux festivals et événements tout au long de l'année, tels que le Festival international de folklore de Bucarest. Les danses et la musique traditionnelles roumaines sont également très populaires dans le pays.

En somme, la Roumanie est un pays fascinant et diversifié, avec beaucoup à découvrir pour les voyageurs en quête d'aventure culturelle et naturelle. J'espère que ma description t'aura donné envie de découvrir ce magnifique pays.

A bientôt,

Ton ami de Roumanie.

Cher ami,

J'espère que tu vas bien. Je voulais te parler de ma récente visite au Royaume-Uni et te décrire la richesse culturelle, artistique et touristique de ce pays .

Tout d'abord, le Royaume-Uni est un pays riche en histoire et en culture, avec des sites historiques tels que la Tour de Londres, le château d'Édimbourg et le château de Windsor. La ville de Londres elle-même est un centre culturel majeur, avec ses nombreux musées, galeries d'art et théâtres, tels que le British Museum, la National Gallery et le West End Theatre District.

Le Royaume-Uni est également célèbre pour sa musique, avec des artistes légendaires tels que les Beatles, Queen et David Bowie. Les festivals de musique comme Glastonbury et Reading sont également très populaires auprès des visiteurs internationaux.

La cuisine britannique peut surprendre certains, mais il y a des plats savoureux à découvrir, tels que le fish and chips, le roast beef et le pudding Yorkshire. Les pubs sont un élément clé de la culture britannique, où les habitants se rassemblent pour boire une bière et discuter.

Le Royaume-Uni est également un pays où la nature est à portée de main, avec de nombreux parcs nationaux tels que le Lake District et le Peak District. La côte sud de l'Angleterre est également un lieu populaire pour les vacanciers, avec ses belles plages et ses villes balnéaires.

Les festivals et les événements tout au long de l'année font également partie de la culture britannique, tels que le Carnaval de Notting Hill à Londres et le festival de la Fringe à Édimbourg.

Enfin, le Royaume-Uni est également célèbre pour son architecture, avec des bâtiments emblématiques tels que le Big Ben, le Tower Bridge et le Palais de Buckingham.

En somme, le Royaume-Uni est un pays diversifié et passionnant, offrant beaucoup à découvrir pour les visiteurs internationaux. J'espère que ma description t'a donné envie de visiter ce merveilleux pays.

A bientôt,

Ton ami Royaume-Uni

Cher ami,

Je suis ravi de t'écrire pour te parler de la richesse culturelle, artistique et touristique du Sénégal, un pays vibrant et riche en histoire.

Le Sénégal est célèbre pour sa musique, avec des genres tels que le mbalax, le ndaga, et la musique sérère qui sont connus dans le monde entier.

Le pays est également connu pour sa cuisine délicieuse et variée, avec des plats tels que le thiéboudienne, le yassa et le mafé qui sont des spécialités nationales.

La culture sénégalaise est également marquée par les arts, avec des écrivains tels que Ousmane Sembène et Mariama Bâ, ainsi que des artistes visuels tels que Soly Cissé et Ousmane Sow.

Le Sénégal est également célèbre pour ses paysages magnifiques, avec des plages de sable blanc telles que la plage de N'Gor et la réserve naturelle de la Langue de Barbarie, ainsi que des sites naturels tels que le parc national des oiseaux du Djoudj et le lac Rose.

Les festivals sont également une grande partie de la culture sénégalaise, avec des événements tels que le Festival mondial des arts nègres, le Festival de jazz de Saint-Louis et le Festival international de folklore de Dakar.

Le pays est également riche en histoire, avec des sites tels que l'île de Gorée, la maison des esclaves et la Grande Mosquée de Touba.

Le Sénégal est également connu pour son football, avec des joueurs légendaires tels que El Hadji Diouf et Sadio Mané, ainsi que des équipes de renommée mondiale telles que l'équipe nationale du Sénégal.

Enfin, la culture sénégalaise est marquée par la générosité, l'hospitalité et l'esprit de communauté qui règnent dans le pays.

Je t'encourage vivement à découvrir la richesse culturelle, artistique et touristique du Sénégal en visitant ce merveilleux pays.

Cordialement,

Ton ami de Sénégal

Cher ami,

J'ai récemment visité la Suède et je voulais te parler de la richesse culturelle, artistique et touristique de ce pays en 20 lignes.

Tout d'abord, la Suède est un pays riche en histoire et en culture, avec des sites historiques tels que le Palais Royal de Stockholm, le château de Drottningholm et la vieille ville de Visby, qui est classée au patrimoine mondial de l'UNESCO.

La Suède est également célèbre pour ses artistes et ses designers, tels que le groupe de musique ABBA, l'architecte Gunnar Asplund et la designer textile Marimekko. Le musée d'art moderne de Stockholm, le Musée d'art nordique de Stockholm et le musée Skansen sont des lieux incontournables pour les amateurs d'art et d'histoire.

La cuisine suédoise est également remarquable, avec des plats traditionnels tels que les boulettes de viande, le saumon fumé et les crevettes. Les "fikas", les pauses café typiques suédoises, sont également très populaires.

La nature suédoise est magnifique, avec ses lacs, ses forêts et ses montagnes. Les parcs nationaux tels que le parc national d'Abisko et le parc national de Sarek offrent des randonnées spectaculaires pour les amoureux de la nature.

Les festivals et les événements tout au long de l'année font également partie de la culture suédoise, tels que la fête de la Sainte-Lucie en décembre et la fête de la mi-été en juin.

Le système de transport public suédois est également très efficace et vous permet de vous déplacer facilement dans tout le pays. Les villes de Stockholm, Göteborg et Malmö sont toutes des endroits fascinants à visiter, avec une architecture impressionnante, des musées et des restaurants de qualité.

Enfin, les Suédois sont des gens très sympathiques et accueillants, ce qui rend la visite du pays encore plus agréable.

En somme, la Suède est un pays diversifié et fascinant, avec beaucoup à découvrir pour les visiteurs internationaux. J'espère que ma description t'a donné envie de visiter ce merveilleux pays.

À bientôt,

Ton ami de Suède

Cher ami,

Je suis ravi de te parler de la richesse culturelle, artistique et touristique de la Somalie. Bien que le pays ait connu de nombreux défis ces dernières années, il possède une histoire et une culture remarquables qui attirent encore des visiteurs du monde entier.

La Somalie est connue pour sa riche histoire et son patrimoine culturel, qui remonte à plus de 5 000 ans. Les anciennes villes portuaires de Berbera, Mogadiscio et Kismaayo étaient des centres commerciaux importants pour les échanges avec l'Inde, la Chine, l'Arabie et l'Europe. Ces villes ont laissé derrière elles des traces de leur passé riche, notamment des bâtiments anciens, des mosquées et des fortifications.

La Somalie a également une culture artistique florissante. La musique somalienne traditionnelle est un mélange de rythmes africains et de mélodies arabes et indiennes. Les poètes somaliens sont célèbres pour leur usage de la poésie orale, appelée "Gabay". Les artistes somaliens créent également des sculptures et des peintures traditionnelles inspirées de la nature et de la vie quotidienne.

Du point de vue touristique, la Somalie est célèbre pour ses magnifiques plages de sable blanc, ses récifs coralliens colorés et sa vie marine riche. Les plages de Las Geel, Bossaso et Berbera sont des destinations populaires pour les touristes en quête de détente. Les îles de Saad ad-Din et de Bari sont également populaires auprès des visiteurs.

Enfin, la cuisine somalienne est également une attraction touristique en soi, avec des plats traditionnels tels que le "Somali rice" (riz somalien) et le "Anjera" (crêpes somaliennes) qui sont appréciés dans le monde entier.

Bien qu'il y ait des défis à visiter la Somalie en raison de la situation sécuritaire, le pays a beaucoup à offrir pour les voyageurs courageux et curieux.

À bientôt,

Ton ami de Somalie.

Cher ami,

Je suis ravi de te décrire la richesse culturelle, artistique et touristique de la Suisse, un pays charmant et pittoresque.

La Suisse est célèbre pour ses paysages naturels époustouflants, notamment les montagnes des Alpes suisses, les lacs cristallins et les vallées verdoyantes. Le Cervin, la Jungfrau et le Matterhorn sont des destinations populaires pour les randonneurs et les alpinistes.

La Suisse est également connue pour sa culture horlogère, avec des marques de montres célèbres telles que Rolex, Omega et Patek Philippe. Le chocolat suisse est également réputé dans le monde entier, ainsi que le fromage suisse, notamment le fromage à raclette et le fromage fondue.

La Suisse a une longue histoire en matière d'art et d'architecture, avec des bâtiments historiques tels que la cathédrale de Lausanne, la vieille ville de Berne et la Maison Blanche de Winterthur. Le Musée d'Art de Zurich, le Musée Olympique de Lausanne et le Musée du Transport de Lucerne sont également des destinations populaires pour les amateurs d'art et de culture.

La Suisse est également célèbre pour ses festivals annuels, notamment le festival de jazz de Montreux, le festival de musique classique de Lucerne et le festival de sculpture sur neige d'Interlaken.

Les villes suisses, telles que Genève, Zurich et Lausanne, sont connues pour leur qualité de vie élevée, leur architecture pittoresque et leur mode de vie décontracté. Les rues pavées, les cafés en plein air et les marchés de Noël en hiver font partie du charme des villes suisses.

Enfin, la Suisse est célèbre pour ses sports d'hiver, tels que le ski et le snowboard, avec des stations de ski de renommée mondiale telles que Zermatt, St. Moritz et Verbier.

En résumé, la Suisse a beaucoup à offrir, que ce soit pour les amoureux de la nature, les passionnés d'art et de culture ou les amateurs de sports d'hiver. Je te recommande vivement de visiter ce pays magnifique pour découvrir toute sa richesse culturelle et touristique.

Cordialement,

Ton ami de Suisse.

Cher ami,

Je suis ravi de te parler de la Slovénie, un pays d'Europe centrale qui a beaucoup à offrir en termes de culture, d'art et de tourisme.

Sur le plan culturel, la Slovénie est un melting-pot de différentes influences, avec des influences autrichiennes, hongroises et italiennes, ainsi que des traditions slaves. L'architecture traditionnelle slovène est très intéressante, avec des maisons en bois décorées de motifs folkloriques.

La Slovénie est également riche en art, avec de nombreux musées et galeries d'art à explorer, tels que la Galerie nationale de Slovénie et le Musée d'art moderne. Les artistes slovènes sont également très appréciés dans le monde entier, avec des peintres, sculpteurs et designers de renom.

En termes de tourisme, la Slovénie est un joyau caché de l'Europe, avec de magnifiques paysages montagneux, des lacs cristallins et de charmants villages pittoresques. Les Alpes juliennes offrent de superbes sentiers de randonnée et de ski, tandis que la ville de Bled est célèbre pour son lac pittoresque et son île avec une église. La capitale, Ljubljana, est également une ville charmante et animée à découvrir.

Enfin, la Slovénie est également fière de sa gastronomie, avec une cuisine variée et savoureuse, notamment des spécialités de viande, des fromages et des vins locaux.

En somme, la Slovénie est un pays riche en culture, en art et en tourisme, qui mérite d'être découvert.

J'espère que cette description t'a donné envie de visiter ce merveilleux pays.

Bien amicalement,

Ton ami de Slovénie.

Cher ami,

Je suis ravi de t'écrire pour te parler de la richesse culturelle, artistique et touristique de la Syrie. Ce pays est situé au Moyen-Orient et a une longue histoire qui remonte à l'Antiquité. Il y a tellement de choses à voir et à découvrir ici, donc je vais essayer de te donner un aperçu en 20 lignes.

La Syrie est connue pour sa vieille ville de Damas, l'une des plus anciennes villes habitées du monde. La mosquée des Omeyyades de Damas est également une attraction touristique populaire. La ville d'Alep est également un site du patrimoine mondial de l'UNESCO, avec son ancienne citadelle et sa vieille ville.

La cuisine syrienne est une cuisine très riche et variée avec des plats tels que le kebab, le houmous, le falafel et les pâtisseries comme les baklavas. Les marchés traditionnels de Damas sont célèbres pour leurs épices, leurs tissus et leurs poteries.

La musique traditionnelle syrienne est une fusion de styles arabes, turcs et kurdes. Le dabké, une danse folklorique populaire, est souvent exécuté lors des mariages et des fêtes. La littérature syrienne est également riche, avec des poètes célèbres comme Nizar Qabbani et Adonis.

La Syrie est également connue pour ses nombreux sites archéologiques, dont certains sont également inscrits au patrimoine mondial de l'UNESCO, tels que les ruines de Palmyre, Apamée et Ebla. Le Krak des Chevaliers, un château médiéval, est également un site touristique populaire.

La Syrie est également riche en ressources naturelles et possède de nombreux parcs nationaux, dont le plus célèbre est le parc national d'Alep. La mer Méditerranée borde la côte occidentale du pays, offrant des plages et des sites de plongée sous-marine.

Enfin, la Syrie est également connue pour ses festivals culturels, tels que le festival international du film de Damas et le festival national de la chanson populaire. Les Syriens sont également connus pour leur hospitalité et leur chaleureux accueil des visiteurs étrangers.

En espérant que cela t'aidera à mieux connaître la Syrie.

Cordialement,

Ton ami de Syrie.

Cher ami,

Je suis ravi de te parler de la richesse culturelle, artistique et touristique du Tchad, un pays d'Afrique centrale qui a beaucoup à offrir.

Tout d'abord, le Tchad est un pays très diversifié sur le plan culturel, avec plus de 200 groupes ethniques différents qui parlent des langues variées. Les traditions et les coutumes de chaque groupe ethnique sont uniques et fascinantes.

Le patrimoine artistique du Tchad est également remarquable, avec des sculptures et des poteries datant de plus de 2000 ans. Les sculptures en bronze et en argile de l'ancien royaume de Sao sont particulièrement impressionnantes.

Le Tchad est également célèbre pour sa musique traditionnelle, qui est rythmée et entraînante. La danse et le chant sont souvent associés à la musique, et les cérémonies de mariage et les festivals sont souvent accompagnés de performances musicales.

La faune et la flore du Tchad sont uniques et diversifiées, avec des parcs nationaux tels que le parc national de Zakouma, qui abrite des éléphants, des lions, des girafes et des antilopes. Le lac Tchad est également une destination touristique populaire, avec des excursions en bateau et des visites de villages de pêcheurs.

La gastronomie tchadienne est riche en saveurs et en épices, avec des plats traditionnels tels que le ragoût de mouton, le riz jollof et le pain "dibi". Les marchés locaux offrent également une grande variété de fruits et légumes frais.

Le Tchad possède également un riche patrimoine historique, avec des sites tels que les ruines de l'ancienne ville de Mao, qui remonte à l'époque pré-islamique. Les murs de la ville de N'Djamena, la capitale, racontent également l'histoire tumultueuse du pays.

Le peuple tchadien est connu pour sa gentillesse et son hospitalité, avec une culture très accueillante envers les visiteurs. Les festivals tels que le festival du désert et la fête de l'indépendance sont également des moments de grande joie et de célébration.

En somme, le Tchad est un pays fascinant qui mérite d'être exploré. Sa richesse culturelle, artistique et touristique en fait une destination à découvrir pour tout voyageur avide de découvrir de nouveaux horizons.

À bientôt,

Ton ami du Tchad.

Cher ami,

Je suis ravi de te parler de la richesse culturelle, artistique et touristique de la Tunisie, un pays situé en Afrique du Nord.

La Tunisie est un pays riche en histoire, avec de nombreux sites archéologiques fascinants tels que Carthage, l'amphithéâtre d'El Djem et le site de Dougga. Ces sites témoignent de la riche histoire du pays, qui a été influencé par les Phéniciens, les Romains et les Arabes.

La Tunisie est également connue pour son artisanat traditionnel, en particulier la poterie, la céramique et les tapis tissés à la main. Les souks de Tunis et d'autres villes offrent une variété de produits artisanaux authentiques que les visiteurs peuvent ramener chez eux en tant que souvenirs.

La musique tunisienne est un mélange de styles arabes, berbères et européens, avec une forte influence de la musique andalouse. Le festival international de Carthage, qui se déroule chaque été, offre une occasion de découvrir la musique tunisienne ainsi que des artistes internationaux.

La cuisine tunisienne est un autre aspect remarquable de la culture du pays, avec des plats tels que le couscous, le brik, le lablabi et les pâtisseries traditionnelles comme les makrouds et les bambalounis. Les épices sont largement utilisées dans la cuisine tunisienne, offrant une variété de saveurs et de goûts.

Le paysage tunisien est également impressionnant, avec des plages de sable blanc, des montagnes, des oasis et des déserts. Les stations balnéaires telles que Sousse, Hammamet et Djerba attirent de nombreux visiteurs, tandis que les randonneurs peuvent profiter des montagnes de l'Atlas et du parc national de Boukornine.

La Tunisie est également un pays d'une grande richesse humaine, avec des gens chaleureux et accueillants qui sont fiers de leur culture et de leur patrimoine. Les festivals et les célébrations telles que le festival de la Medina à Tunis sont des moments de joie et de célébration pour les Tunisiens et les visiteurs.

En somme, la Tunisie est un pays fascinant qui offre une variété de découvertes culturelles, artistiques et touristiques. Les visiteurs sont sûrs d'y trouver quelque chose qui leur plaira, que ce soit l'histoire, la musique, la cuisine ou le paysage naturel.

À bientôt,

Ton ami de Tunisie

Cher ami,

Je suis heureux de partager avec toi la richesse culturelle, artistique et touristique de la Turquie, un pays situé à la croisée des continents asiatique et européen.

La Turquie possède une histoire riche et complexe, qui a laissé une multitude de vestiges archéologiques à travers le pays. Le site archéologique d'Ephèse, la Cappadoce et les ruines de la ville de Troie sont quelques-uns des endroits les plus célèbres et les plus fascinants.

La cuisine turque est également très riche et diversifiée, avec des plats tels que les kebabs, les mezzés et les desserts turcs tels que le baklava. Les marchés turcs, tels que le Grand Bazar d'Istanbul, offrent également une variété de produits artisanaux traditionnels, tels que des tapis et des céramiques.

Le paysage de la Turquie est tout aussi diversifié, avec des plages de sable fin, des montagnes enneigées, des lacs et des rivières. Les touristes peuvent profiter de sites tels que les plages d'Antalya et de Bodrum, le lac Van et le parc national de Göreme en Cappadoce.

La culture turque est également influencée par l'Islam, qui est la religion majoritaire du pays. Les visiteurs peuvent visiter des mosquées et découvrir la spiritualité de l'Islam, ainsi que d'autres religions et croyances traditionnelles turques telles que l'Alevisme.

En matière d'art et de culture, la Turquie est également riche. Les visiteurs peuvent admirer des mosaïques byzantines, des calligraphies et des miniatures ottomanes ainsi que des œuvres d'art modernes dans les musées et les galeries d'art du pays.

Enfin, les Turcs sont également connus pour leur hospitalité chaleureuse et leur convivialité, et les visiteurs peuvent facilement se lier d'amitié avec les habitants locaux et découvrir la vie quotidienne de la Turquie.

En somme, la Turquie est un pays fascinant avec une richesse culturelle, artistique et touristique exceptionnelle. Il y a tellement de choses à découvrir, que ce soit l'histoire, la cuisine, la culture, l'art, le paysage ou la convivialité des habitants.

Bien amicalement,

Ton ami de Turquie.

Cher ami,

Je suis ravi de t'écrire pour te parler de la richesse culturelle, artistique et touristique de la Tanzanie. Situé en Afrique de l'Est, ce pays regorge de merveilles naturelles et de cultures vibrantes qui en font une destination touristique de premier choix.

La Tanzanie est surtout connue pour sa faune exceptionnelle, avec les parcs nationaux de Serengeti, Tarangire et Ngorongoro qui attirent les touristes du monde entier pour observer les grands animaux sauvages tels que les lions, les éléphants, les girafes, les zèbres et bien d'autres encore. Le mont Kilimandjaro, la plus haute montagne d'Afrique, est également une destination populaire pour les randonneurs et les amateurs de plein air.

Côté culturel, la Tanzanie est fière de sa diversité ethnique, avec plus de 120 tribus différentes. Chaque groupe a sa propre langue, sa propre musique, sa propre danse et ses propres traditions. Les Swahilis sont l'un des plus grands groupes ethniques et leur culture est très présente sur la côte, avec des villes comme Zanzibar et Stone Town qui sont des centres de l'artisanat, de la musique et de la nourriture Swahilis.

La Tanzanie a également une histoire riche, notamment en tant que centre du commerce d'esclaves au 19e siècle. Les anciens sites d'esclavage tels que Bagamoyo et Zanzibar sont aujourd'hui des lieux de mémoire et d'éducation.

Enfin, la cuisine tanzanienne est une expérience en soi, avec une variété de plats savoureux influencés par la cuisine indienne, swahilie et africaine. Les plats traditionnels tels que le mchicha (épinards) et le pilau (riz épicé) sont des incontournables.

En résumé, la Tanzanie est une destination touristique fascinante, offrant une expérience unique de la faune, de la culture et de l'histoire. J'espère que cette description t'a donné envie de visiter ce pays magnifique.

Amicalement,

Ton ami de Tanzanie.

Cher ami,

J'espère que cette lettre te trouvera en bonne santé. Aujourd'hui, je vais te parler de la richesse culturelle, artistique et touristique du pays de Thaïlande.

La Thaïlande est un pays magnifique situé en Asie du Sud-Est. Elle est connue pour ses temples bouddhistes, ses plages tropicales, ses marchés colorés, sa nourriture délicieuse et sa vie nocturne animée. Bangkok, la capitale de la Thaïlande, est une ville animée avec une architecture incroyable et une culture dynamique. Le temple du Bouddha couché, le Grand Palais et le Wat Arun sont quelques-uns des sites incontournables de Bangkok.

En dehors de Bangkok, la Thaïlande regorge de nombreuses autres villes et destinations touristiques incroyables. Chiang Mai, au nord de la Thaïlande, est une ville pittoresque entourée de montagnes verdoyantes. Elle est célèbre pour ses temples bouddhistes, sa cuisine locale et ses marchés nocturnes.

La Thaïlande est également connue pour ses plages magnifiques. Phuket, Pattaya, Koh Samui et Krabi sont quelques-unes des destinations balnéaires les plus populaires en Thaïlande. Les plages de sable fin, les eaux cristallines et les formations rocheuses spectaculaires attirent des millions de visiteurs chaque année.

En ce qui concerne la culture thaïlandaise, elle est riche et diversifiée. Le bouddhisme est la religion dominante en Thaïlande, et de nombreux festivals et célébrations sont organisés chaque année en l'honneur de Bouddha. Les festivals les plus connus sont le Songkran, le festival de l'eau, et le Loy Krathong, le festival des lanternes.

Enfin, la cuisine thaïlandaise est l'une des plus appréciées au monde. Elle est connue pour être épicée, savoureuse et aromatique. Les plats thaïlandais les plus populaires sont le pad thaï, le curry vert et le tom yum kung.

En résumé, la Thaïlande est un pays incroyablement riche en culture, en art et en tourisme. C'est un pays à visiter absolument si vous cherchez une expérience unique et inoubliable.

Bien à toi,

Ton ami de Thaïlande.

Cher ami,

Je suis heureux de te parler de la richesse culturelle, artistique et touristique de l'Ukraine. L'Ukraine est un pays situé en Europe de l'Est, connu pour ses paysages pittoresques, ses villes historiques, ses traditions anciennes et sa cuisine délicieuse.

Du point de vue culturel, l'Ukraine a une longue histoire, remontant aux temps anciens des Scythes et des Cimmériens, qui ont laissé des traces de leur culture dans les musées du pays. Plus tard, l'Empire byzantin a influencé l'architecture et l'art ukrainiens, et les traditions slaves ont également eu un impact important sur la culture du pays.

Le folklore ukrainien est riche en chants et en danses traditionnelles, et le pays est célèbre pour son ballet. Les musées nationaux abritent une vaste collection d'artefacts historiques, allant de l'Antiquité aux temps modernes.

Sur le plan artistique, l'Ukraine a produit de nombreux artistes talentueux, dont certains sont devenus célèbres dans le monde entier, tels que Kazimir Malevitch et Ivan Aïvazovski. Les églises et les monastères orthodoxes du pays sont également connus pour leur architecture et leurs fresques.

L'Ukraine est également un pays touristique, offrant une grande variété de paysages, des montagnes des Carpates à la mer Noire en passant par les plaines fertiles. Les villes historiques, telles que Kiev, Lviv et Odessa, regorgent de sites historiques, de musées et de galeries d'art.

Enfin, la cuisine ukrainienne est l'une des plus riches et des plus savoureuses d'Europe de l'Est, avec des plats tels que le bortsch, le varenyky et le salo. Les marchés locaux offrent également une variété de fruits et légumes frais, ainsi que des produits artisanaux tels que la poterie et les tissus traditionnels.

En somme, l'Ukraine est un pays qui mérite d'être exploré pour sa richesse culturelle, artistique et touristique. J'espère que tu auras l'occasion de le visiter un jour.

A bientôt !

Ton ami de l'Ukraine.

Cher ami,

Je suis heureux de t'écrire cette lettre pour te parler de la richesse culturelle, artistique et touristique des États-Unis. Les États-Unis sont un pays immense et diversifié, avec une multitude de régions distinctes, chacune avec sa propre culture et ses propres traditions.

En termes de culture, les États-Unis ont été influencés par de nombreuses cultures différentes, notamment les cultures amérindiennes, africaines, européennes et asiatiques. Cela se reflète dans les arts, la musique, la nourriture et les festivals du pays.

Du point de vue artistique, les États-Unis sont connus pour leur contribution à la culture populaire mondiale. Le cinéma hollywoodien est un exemple bien connu de l'industrie du divertissement américain, qui produit des films et des émissions de télévision qui sont regardés dans le monde entier. Les États-Unis ont également une scène musicale florissante, avec des genres tels que le jazz, le blues, le hip-hop et le rock ayant pris naissance dans le pays.

Sur le plan touristique, les États-Unis ont beaucoup à offrir. Des villes emblématiques telles que New York, Los Angeles et San Francisco sont des destinations populaires pour les touristes du monde entier. Les parcs nationaux tels que le Grand Canyon, le parc national de Yellowstone et le parc national de Yosemite offrent une beauté naturelle à couper le souffle. Les plages de la Floride, de la Californie et de Hawaï attirent également de nombreux visiteurs.

Les États-Unis ont également une riche histoire, qui se reflète dans les nombreux musées et monuments du pays. Le musée national de l'histoire américaine, le mémorial de Lincoln et la Statue de la Liberté sont tous des exemples de sites historiques importants que les touristes peuvent visiter.

Enfin, les États-Unis sont connus pour leur cuisine unique et variée, avec des plats régionaux tels que les hamburgers, les hot-dogs, les tacos et les pizzas. Les restaurants du pays proposent également une grande variété de plats internationaux, reflétant la diversité culturelle du pays.

En somme, les États-Unis sont un pays riche en culture, en histoire, en art et en beauté naturelle. Il y a tellement de choses à voir et à découvrir dans ce pays fascinant et diversifié.

À bientôt,

Ton ami de USA

Cher ami,

Je suis heureux de te parler aujourd'hui du Venezuela, un pays situé dans le nord de l'Amérique du Sud. Le Venezuela est un pays riche en culture et en histoire. Les arts traditionnels, tels que la danse, la musique et la peinture, sont très importants dans la vie quotidienne des Vénézuéliens.

En matière de tourisme, le Venezuela offre une grande variété d'attractions pour les visiteurs. Les plages sont parmi les plus belles de la région, avec des étendues de sable blanc et des eaux cristallines. Le parc national de Canaima est un endroit magnifique avec des chutes d'eau spectaculaires, des formations rocheuses uniques et une faune abondante.

Le Venezuela est également célèbre pour sa nourriture délicieuse et variée. Les plats traditionnels incluent l'arepas, un pain plat fait de farine de maïs, et la hallaca, un plat à base de maïs farci de viande, de légumes et d'épices.

Enfin, le Venezuela a une histoire riche et complexe qui peut être explorée à travers ses nombreux musées et sites historiques. Le Musée National de l'Histoire et le Panteón Nacional sont deux exemples de sites qui retracent l'histoire du pays.

En somme, le Venezuela offre une expérience culturelle, artistique et touristique unique qui vaut la peine d'être explorée.

Cordialement,

Ton ami de Venezuela.

Cher ami,

Je suis heureux de te parler de la Zambie, un pays d'Afrique australe doté d'une riche diversité culturelle, artistique et touristique.

La Zambie abrite de nombreux sites naturels spectaculaires, tels que les célèbres chutes Victoria, la rivière Zambèze, le lac Kariba, les parcs nationaux de South Luangwa et de Kafue, et bien d'autres encore. Les amoureux de la nature trouveront leur bonheur avec la faune et la flore variées que l'on peut y découvrir.

La culture zambienne est également riche et diversifiée. Les traditions, les danses et les costumes des différentes tribus, tels que les Bemba, les Tonga et les Lozi, sont préservés et célébrés à travers des festivals culturels. La musique zambienne est également très populaire, avec des artistes tels que Zamrock, Mampi et Macky2.

En matière d'art, les artisans zambiens sont connus pour leurs travaux de cuir, de bois et de pierre, ainsi que pour leurs tissages de paniers et de tapis. Les visiteurs peuvent découvrir ces talents dans les marchés et les boutiques d'artisanat de Lusaka et d'autres villes du pays.

La cuisine zambienne est également délicieuse et diversifiée. Les plats populaires comprennent le Nshima, une bouillie de farine de maïs, accompagnée de légumes et de viande. Les visiteurs peuvent également découvrir des plats traditionnels tels que l'inswa, un plat à base de sauterelles, et la chikanda, une boule de farine de tubercules de manioc.

Enfin, les Zambiens sont connus pour leur hospitalité et leur convivialité. Les visiteurs peuvent se sentir les bienvenus dans les maisons et les communautés locales et en apprendre davantage sur les traditions et les modes de vie des Zambiens.

En somme, la Zambie est un pays magnifique avec une riche diversité culturelle, artistique et touristique. Les visiteurs peuvent découvrir des paysages à couper le souffle, une cuisine savoureuse, une musique vibrante et une culture fascinante.

Bien amicalement,

Ton ami de Zambie.

Lettres de tes amis pour te décrire la richesse culturelle, artistique et touristique de leurs pays

Printed by Books on Demand GmbH, Norderstedt / Germany